胸有成竹去留学

英国留学

全程无忧

第 2 版

编著　王雪飞

扫描二维码
检索"英国留学"
免费获取英国
留学相关数据

大连理工大学出版社

图书在版编目(CIP)数据

英国留学全程无忧：胸有成竹去留学 / 王雪飞编著
. — 2版. — 大连：大连理工大学出版社，2023.8
ISBN 978-7-5685-4481-8

Ⅰ. ①英… Ⅱ. ①王… Ⅲ. ①留学教育－概况－英国 ②高等学校－介绍－英国 Ⅳ. ① G649.561

中国国家版本馆 CIP 数据核字（2023）第 123166 号

大连理工大学出版社出版

地址：大连市软件园路 80 号　邮政编码：116023
发行：0411-84708842　邮购：0411-84708943　传真：0411-84701466
E-mail:dutp@dutp.cn　URL:https://www.dutp.cn
大连图腾彩色印刷有限公司印刷　大连理工大学出版社发行

幅面尺寸：168mm×235mm	印张：17.25	字数：281 千字
2015 年 10 月第 1 版		2023 年 8 月第 2 版
2023 年 8 月第 1 次印刷		

责任编辑：李玉霞　孙　扬　　　　　　　　　责任校对：张晓燕
装帧设计：对岸书影

ISBN 978-7-5685-4481-8　　　　　　　　　　定　价：56.00 元

本书如有印装质量问题，请与我社发行部联系更换。

有梦就去追

  每个人都有自己或大或小的梦想。你的梦想也许是成为影视明星或宇航员，也许是组建自己幸福的小家庭，也许是实现环球旅行。而我曾经的梦想是靠自己的努力出国留学并写一本留学指导书。

  有梦想就去追求，任何时候开始都不会晚。历史上有很多大器晚成的例子，相信你身边也有一些人在成年或退休后才发展一些兴趣爱好，并取得很好的成绩或是乐在其中。与很多高中或本科毕业后就有机会出国留学的学生不同，我是在国内教育行业工作多年后才选择出国留学的。当时我在国内留学机构担任部门主管，无意间入选了首届新浪五星级留学顾问的全国选拔赛，并获得了新浪五星级留学顾问的称号。在国内事业发展到一定阶段并积累了一定资金和工作经验后，我最终实现了出国留学的梦想。

  有一段出国留学经历，会让你具有更加国际化的视野，更好地理解不同文化，也会让你的人生有不一样的改变。在英国就读研究生期间，我担任学校的学生大使，出席爱丁堡领事馆的春节庆典，代表国际学生接受爱丁堡市长接见，为纽约格纹时装周上展出的时装做平面模特。在英国工作期间，我与不同国籍的同事一起工作，走访英国各个院校，出席领使馆活动，更深入地了解英国历史、文化和教育制度。在英国学习和工作的的经历，改变了我的人生。所以我非常鼓励年轻人能选择在一个适合的人生阶段到海外长期或短期留学，体验不一样的人生。

  在撰写这本书的时候，我采用了平实而生动的语言，对学生和家长进行简洁明确的指导。学生和家长在网上搜索留学信息的时候，往往会出现信息不全面的情况。本书收录了很多在海外文献中查找到的资料，给学生和家长提供了一手的资料和比

较权威的指导。我在书中也毫无保留地把自己在教育行业积累多年的经验分享给了大家。

自 2015 年第 1 版出版以来，本书收获了很多好评。但随着时间的推移，英国的签证政策发生了变化，A-Level 和 GCSE 考试也进行了改革，图书中的很多数据也有待更新。经过权衡和思量，为了更有效地指导读者出国留学，我决定将本书进行修订，把这几年在教育领域更多的积累和沉淀呈现给大家。

在新版图书出版的过程中，特别感谢陈玲玲律师的贡献，她为本书提供了最新的移民政策指导，并撰写了附赠手册（电子版）中"毕业生留英之路"部分的内容。陈律师是英国移民律师 OISC 最高级别（Level 3）认证的持有者，在本书中提供的指导，让大家在签证和移民路上不走弯路。感谢胡玉洁老师撰写了本书中博士申请和就读的相关内容。胡老师曾经在英国杜伦大学攻读博士学位并任教，曾是该校的学联主席，并担任全英中国学生学者联谊会主办的《英伦学人》杂志社主编。她在书中以过来人的身份，跟大家分享了英国博士申请经验以及写出高分论文的技巧。

梦想不分大小，只要你有自己想实现的目标。有目标去追求，任何时候开始都不会晚。本书会为那些想要来海外学习和工作的追梦者们提供更贴心的指导。

有梦就去追，万一不小心实现了呢！

海外小精灵

（王雪飞）

写于英国伦敦

本书导读

这是一本留学指导书，主要针对准备去英国读书的学生及其家长。无论你是计划去英国读中小学，还是读本科、硕士甚至博士，都能从本书中得到指导。本书共分 11 章，介绍了去英国前的院校和专业选择、院校和签证申请，以及在英国的学习、工作和生活。你可以像阅读侦探小说一样按图索骥或按线查找，选取与自己息息相关或感兴趣的章节进行阅读。

在书中你可以找到：如何根据 7 个关键因素选择英国院校？如何利用 MBTI 职业测试选择留学专业？如何根据大数据预测未来就业前景较好的留学专业？怎样才能在英国找到全职或兼职的工作？怎样学习才不会成为学渣？怎样在海外精彩地生活？你还会了解到英国的基本教育制度、各个阶段学生不同的留学方案以及学成归国的各项准备。

以下人群，请阅读本书：

如果你是学生，有出国打算或正在积极准备留学英国，本书将告诉你一个真实的英国学习、生活和工作状况。

如果你是家长，想要送孩子出国却又犹豫不决，本书告诉你适当的留学年龄和留学方式以及适合孩子未来发展的专业和院校。

如果你是有志青年，想要通过留学来改变自己的现状，本书将指导你 DIY 英国留学以及在英国找工作和定居的技巧。

如果你是教育行业从业者，想要对学生进行留学指导，本书将系统地介绍英国教育体系并为各个阶段的学生制订学习计划。

书中插入了大量图表和海外文献资料，力求给读者一个比较权威的指导；还有学长、学姐与大家分享在英国学习、工作和生活的经验，让大家了解真实的海外留学生活。本书还附有各类延伸阅读的文章，让大家从更理性的角度了解英国。此外，还有各种留学小贴士，为大家的海外生活献上各种温馨提示。

为了让大家更好地了解阅读方法，下面将举例说明：

学生小琪在国内读高中，父母想送她去英国读大学。他们不太了解英国教育，就需要从第一章开始阅读。第一章介绍了英国的教育优势和基本教育制度，同时也讲述了英国的移民政策、就业政策和社会福利。（已经了解英国教育的学生和家长，则可跳过第一章直接阅读下面的章节。）

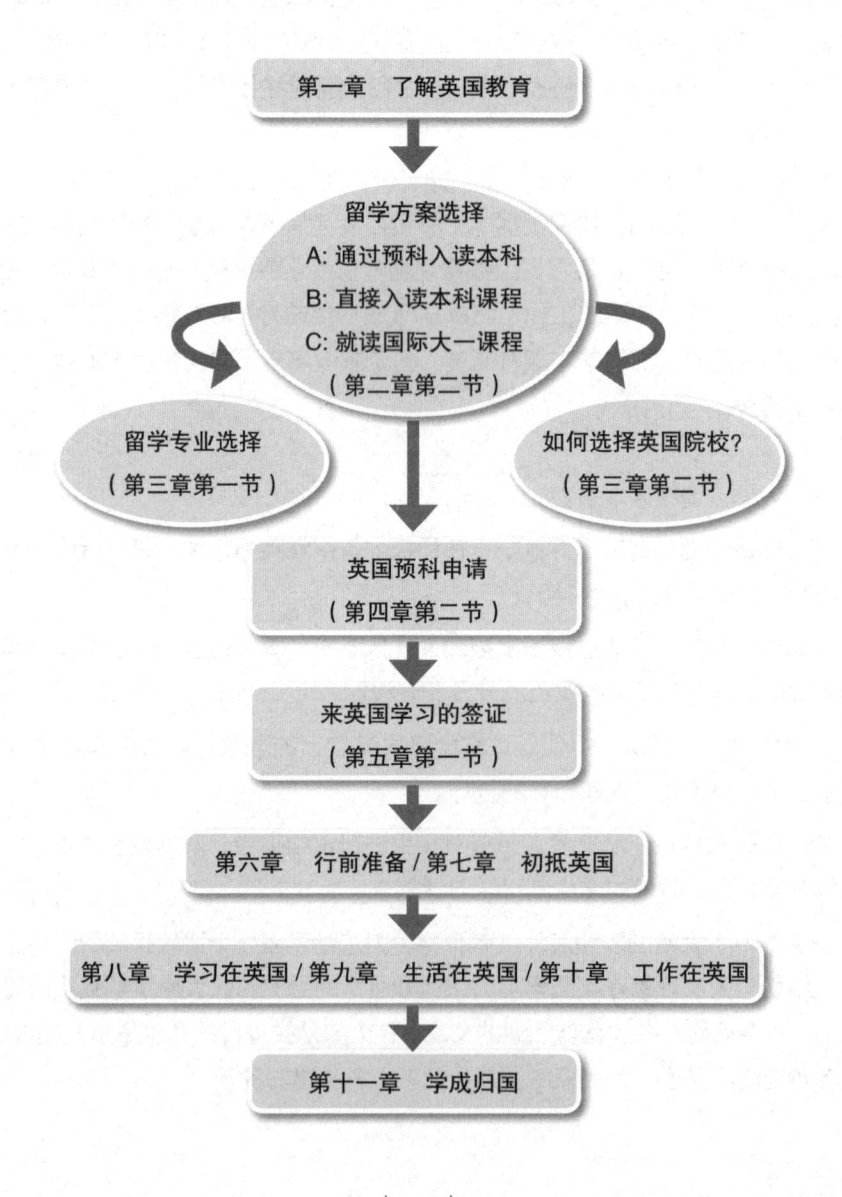

```
第一章  了解英国教育
          ↓
     留学方案选择
     A: 通过预科入读本科
     B: 直接入读本科课程
     C: 就读国际大一课程
     （第二章第二节）
   ↙      ↓      ↘
留学专业选择          如何选择英国院校？
（第三章第一节）       （第三章第二节）
          ↓
     英国预科申请
     （第四章第二节）
          ↓
     来英国学习的签证
     （第五章第一节）
          ↓
  第六章 行前准备 / 第七章 初抵英国
          ↓
  第八章 学习在英国 / 第九章 生活在英国 / 第十章 工作在英国
          ↓
     第十一章 学成归国
```

学生小琪去英国读大学有3种方案可供选择：就读预科课程、就读英国本科课程或就读国际大一课程。本书第二章第二节详细介绍了3种升学方案和适合的学生，并对每种方案都进行了利弊分析。小琪及其家长可以选择适合自己的方案。（如果学生和家长不太清楚如何选择英国院校和专业，则可以阅读第三章第一节留学专业选择和第二节如何选择英国院校。）

通过参考图书中的建议以及与家人的商议，小琪决定通过预科入读本科的方式去英国就读工程专业，并确定了申请英国谢菲尔德大学、布鲁奈尔大学和华威大学的工程类本科预科。接下来就需要阅读第四章第二节了，按照书中指导的方法进行院校申请。当取得录取通知书并确定最终就读院校后，就可以阅读第五章第一节有关学生签证部分来申请英国签证。不仅如此，第五章还介绍了与学生和家长息息相关的其他签证类型，方便今后学生毕业后申请工作签证和家长去英国探亲的时候使用。

当小琪忙完了院校申请和签证申请后，她可以阅读第六章行前准备和第七章初抵英国，看一看去英国之前都需要做哪些方面的准备以及如何申请英国住宿等内容，也可以初步了解去英国后需要办理哪些手续、如何申请英国银行账户和选择英国手机卡等内容。同时，本书也简单地对比了中英文化差异，帮助学生从心理上做好准备以适应英国的学习和生活。

当一切都安顿下来后，小琪可以阅读第八章到十章。这三章内容涵盖了在英国的学习、生活和工作。学习部分可以阅读第八章第一节熟悉院校资源，还可以阅读第八章第三节中有关本科生的授课方式、评估方式和学位等级划分的介绍。如果小琪想在课余时间工作的话，她可以阅读第十章学习如何在英国找实习、兼职和志愿者工作。如果她还想在课余时间放松一下，可以阅读第九章，里面介绍了英国好吃的、好玩儿的，还有在英国旅游、欧洲旅游甚至是环球旅游的介绍。

当小琪结束了本科课程的学习想要申请研究生的时候，可以返回第二章第三节去英国读硕士和第四章第四节英国硕士申请；如果她想毕业后在英国找工作，可以

阅读第十章工作在英国；如果她毕业后想回国，可以阅读第十一章学成归国，该章节介绍了如何在中国找工作以及如何克服归国后的种种心理不适。

本书是针对留学生的全程指导，大家可以把本书一直放在手边随时翻阅。本书采用通俗易懂的语言，虽然在文中夹杂了一些英文，但是都比较简单，且很多英文都做了中文注解，希望大家在阅读的时候可以毫无障碍。此外，大家可以在大连理工大学出版社的官网（www.dutp.cn）上下载附赠手册（电子版），内含大学排名、签证政策和中英两国就业信息等。

话不多说，请大家开启愉快的阅读之旅吧！

目录

第一章 了解英国教育

第一节 英国的教育优势 2

　　1. 世界一流的教学和科研水平

　　2. 英语发源地，纯正英文学习

　　3. 学制浓缩，物有所值

　　4. 课程选择众多，理论与实践结合

　　5. 多元文化氛围

　　6. 提高国际市场的就业竞争力

　　7. 国际学生的福利及保障

　　8. 丰富多彩的学校生活

第二节 英国教育制度综述 6

　　1. 早期教育

　　2. 小学教育

　　3. 中学教育

　　4. 延续教育

　　　　4.1 学术路线 A-Level 和 IB 课程

　　　　4.2 职业路线 BTEC 课程

　　5. 高等教育

　　　　附：英国课程等级对照表

第三节 移民与就业政策 13

　　1. 就业政策

　　2. 移民政策

　　3. 社会福利

第二章　留学方案选择

第一节　去英国读中学 …………………………………………… 17
1. 去英国读 A-Level
2. 去英国读 GCSE
3. 低龄学生去英国读书

第二节　去英国读本科 …………………………………………… 21
1. 英国本科教育基本介绍
2. 通过预科入读本科
3. 直接入读本科
4. 国际大一课程
　　附：英国"三明治"课程介绍

第三节　去英国读硕士 …………………………………………… 28
1. 英国硕士基本介绍
2. 本科生升读硕士
　　2.1 在英国完成本科的学生
　　2.2 在中国完成本科的学生
　　2.3 在其他国家完成本科的学生
3. 大专生攻读硕士
　　3.1 硕士预科
　　3.2 专升本
　　3.3 直接申请
4. 其他学历攻读英国硕士

第四节　去英国读博士 …………………………………………… 39
1. 博士学制
2. 开学时间
3. 申请要求
　　附：自我测试：你适合读博士吗？

第三章 院校和专业选择

第一节 留学专业选择 ·················· **45**
    1. 如何选择留学专业?
        1.1 以职业规划为导向
        1.2 以兴趣爱好为导向
        1.3 第三方评估
    2. 热门留学专业介绍
    3. 就业形势与收入
        3.1 中国的就业收入与形势
        3.2 英国的就业收入与形势

第二节 如何选择英国院校? ·················· **51**
    1. 院校知名度
    2. 教学与科研能力
    3. 优势学科
    4. 就业前景
    5. 留学费用
    6. 留学城市
    7. 国际学生比例
        延伸阅读：英国大学按成立时间分类
        延伸阅读：罗素大学联盟介绍

第三节 如何选择英国中学? ·················· **66**
    1. 男校／女校／混合学校
    2. 公立／私立
    3. 排名和成绩
    4. 地理位置
    5. 学校费用
    6. 课程设置
    7. 国际学生比例

第四章 院校申请

第一节 英国中学申请 ·· **74**
    1. 申请流程
    2. 申请材料
    3. 申请时间

第二节 英国预科申请 ·· **77**
    1. 申请方式
    2. 申请时间
    3. 申请材料
    4. 申请流程

第三节 英国本科申请 ·· **79**
    1. UCAS 申请
        1.1 申请要求
        1.2 申请材料
        1.3 申请时间
        1.4 申请流程
        1.5 UCAS 附加申请阶段
        1.6 UCAS 清档阶段
    2. 直接申请

第四节 英国硕士申请 ·· **85**
    1. 申请方式
    2. 申请时间
    3. 申请材料
    4. 申请流程

第五节 英国博士申请 ·· **90**
    1. 申请方式
    2. 申请时间
    3. 申请材料
    4. 申请流程
        附：如何申请博士奖学金?
        附：如何选择博士生导师?

第五章 签证申请

第一节 来英国学习的签证 ································· **101**
    1. 学生签证
    2. 毕业生签证

第二节 来英国工作的签证 ································· **107**
    1. 工作签证
    2. 全球人才签证
    3. 初创签证和创新签证

第三节 来英国访问的签证 ································· **114**
    1. 标准访问签证
    2. 短期学习签证
        附：邀请函样本

第六章 行前准备

第一节 住宿申请 ································· **119**
    1. 学校住宿
    2. 寄宿家庭
    3. 自己租房
    4. 临时住宿

第二节 整理行囊 ································· **125**
    1. 准备行李
    2. 携带外汇
    3. 入境文件

第三节 准备出发 ································· **130**
    1. 机票预订
    2. 安排接机
    3. 出国体检

第七章 初抵英国

第一节 各项注册 ·············· **135**
  1. 学校注册
  2. 警局注册
  3. 医生注册
  4. 使馆注册

第二节 银行开户 ·············· **138**
  1. 选择银行
  2. 开户材料
  3. 办理流程

第三节 办理手机卡 ············ **144**
  1. 选择通信公司
  2. 选择话费套餐
  3. 签约手机

第四节 文化差异 ·············· **149**
  1. 语言交流
  2. 社交礼仪
  3. 生活习惯
  4. 就餐和购物
    经验分享：我眼中的英国文化

第八章 学习在英国

第一节 熟悉院校资源 ·········· **157**
  1. 图书馆资源
  2. 免费课程
  3. 学习支持

第二节 写给中学生 ·· **161**
  1. 就读 A-Level
  2. 就读 GCSE
    小留学生分享：我在英国读中学

第三节 写给本科生和硕士生 ··· **168**
  1. 授课方式
  2. 评估方式
  3. 英国学位的等级划分

第四节 写给博士生 ··· **172**
  1. 学习方式
  2. 考核方式
    经验分享：学霸教你论文如何拿高分

第九章 生活在英国

第一节 食在英国 ·· **180**
  1. 基本食物
    1.1 超市食物
    1.2 省钱秘籍
    1.3 营养建议
  2. 英国美食
  3. 各国美食
  4. 可口中餐
    延伸阅读：西餐礼仪

第二节 行在英国 ·· **193**
  1. 日常出行
  2. 英国境内出行
  3. 欧洲旅游
  4. 环球旅行

第三节 娱乐社交在英国 ··· 206

    1. 酒吧文化

    2. 文艺活动

    3. 运动休闲

    4. 购物天堂

第十章 工作在英国

第一节 英国工作相关政策 ··· 216

    1. 工作时间

    2. 工资标准

    3. 个人所得税

    4. 关于社会保险号码

第二节 工作类型介绍 ··· 219

    1. 兼职和志愿者工作

    2. 实习工作

        经验分享：如何在英国找实习工作？

    3. 毕业后工作

        经验分享：如何在英国找全职工作？

第三节 如何在英国找工作？ ·· 226

    1. 找工作的途径

    2. 企业招聘流程

        2.1 网上申请

        2.2 在线测试

        2.3 评估中心

        面试技巧：STAR 策略

    3. 找工作的时间

        3.1 兼职工作申请时机

        3.2 实习工作申请时机

        3.3 毕业后工作申请时机

第十一章 学成归国

第一节 回国准备 ·············· **237**
    1. 归国证明和学历认证
    2. 注销账户
    3. 归国退税
    4. 行李托运

第二节 归国工作与创业 ·············· **243**
    1. 归国城市选择
    2. 找工作
    3. 自主创业

附录

附录 1   MBTI 职业性格测试 ·············· 248
附录 2   霍兰德职业兴趣测试 ·············· 254

第一章
了解英国教育

本章导读

本章首先将向学生和家长介绍英国的教育优势；然后阐述英国的教育制度，让学生和家长初步了解英国教育从早期教育到高等教育的五个阶段；最后介绍英国的移民就业政策、社会福利等内容，使学生和家长对英国的社会有初步的了解，为将来的就业或移民做准备。

第一节 英国的教育优势

1. 世界一流的教学和科研水平

英国的高等教育在教学、科研和创新方面享誉全球，吸引了大量的顶尖学者和不同领域的专家。在国际高等教育咨询公司 QS（Quacquarelli Symonds）发布的世界大学排名中，英国的高等教育院校稳居前列，至今培养出了 130 多位诺贝尔奖获得者。在英国高等教育机构主导的科研项目中，世界级领先的占 54%。英国的私立寄宿教育有 500 多年的历史，它提供世界一流的精英教育，采用小班授课、因材施教的方式，使学生的需求得到充分的关注。学校的教学质量由第三方机构严格监管，确保学生接受优质的高等教育。

2. 英语发源地，纯正英文学习

英国作为英语的发源地，每年吸引 50 多万名来自世界各地的学生。有些是单纯地来学习英语，有些则是来攻读本科或硕士等学位。英国的英语教学处于世界领先地位，注重寓教于乐，使学生通过做游戏、解决问题、参与讨论、看电影和阅读杂志等方式来综合提高英语能力。在英语的诞生地学习英语，学生能够在全天候的英语学习环境中自然而然地快速提高英语水平。同时，相关监管机构也会严格把控语言机构的教学质量，以确保学生的学习是物有所值的。

剑桥大学国王学院　　　　　　　　斯特灵大学城堡式教学楼

3. 学制浓缩，物有所值

相对于其他国家的学制而言，英国的学制比较浓缩，比如说：本科学制通常是三年、硕士通常是一年、读博的时间也短于其他国家。这样的设置对于国际学生来说，可以节省留学费用和留学时间，学生也能够尽早地进入职场来积累工作经验。虽然英国的学制比较短，但这并不意味着学生在各个阶段学习的内容会缩水。英国的课程设置比较紧凑，学生需要在规定的时间内掌握大量的内容并完成论文或项目。这样的课程设置和练习充分锻炼了学生的项目管理和时间管理能力。

4. 课程选择众多，理论与实践结合

英国教育的选择众多，从短期的语言培训、职业培训到各种学位课程，总有一款适合你。英国课程的专业划分也比较细致，在UCAS（Universities and Colleges Admissions Services，大学和学院招生服务中心）的网站上你可以找到50,000多种课程。很多学校的课程设置也比较切合实际，如含有一年实习的本科"三明治"课程，可以帮助学生在取得学位的同时获得宝贵的工作经验，从而增加就业的砝码。英国大学跟企业界的联系也比较紧密，它们经常与企业合作进行科研项目的研究，使学生在毕业前就有机会接触到企业，实现学以致用。

5. 多元文化氛围

英国是一个文化多元化的国家，人口来自世界各地，他们营造了英国多元化的文化氛围。在高等教育机构中，有16.8%的学生和25%的教职人员来自英国以外的国家。在这样国际化的氛围中，学生可以与来自各国的人们交朋友，并体验不同国家的文化，探索世界的多元性。在这样多元化的环境中，学生可以学习各国语言，培养国际化的视野和思维。

6. 提高国际市场的就业竞争力

英国的教育水平和质量被世界认可，教育着重培养学生的独立思考能力、创新能力、团队合作能力和领导力等，这些素质是用人单位比较看重的。70%的英国企业都与大学有合作，大学里很多课程是由该领域的专家所教授的，这样就确保了英国课程与企业实践相结合，同时也为更多学生增加了实践和就业的机会。英国位于美洲和亚洲之间，因此很多金融机构会把其总部设在英国。同时英国又是一个多元化的国家，学生可以学习不同国家的文化和习俗，快速融入跨国企业的文化氛围中。

7. 国际学生的福利及保障

英国政府为国际学生提供良好的服务和保障：学生就读期间可以享受英国人引以为傲的英国国家医疗服务体系（NHS）；学生的未成年子女可以来英国接受免费的教育，学生的配偶可以来英国陪读，陪读期间可工作、可学习。学校还为国际学生提供各种保障服务，如免费的英文课程、学习方法和技能指导课程、就业服务、国际学生第一年保障住宿等，帮助学生快速适应英国的学习和生活。此外，英国是世界上最安全的国家之一，学生家长可以放心地把孩子送来读书。

8. 丰富多彩的学校生活

来到英国不仅要好好学习，还要体验丰富多彩的学校生活，这也是留学很重要的一部分。在校内，你可以参加各种学生社团、各项体育活动和学校组织的其他活动；在校外，你可以利用课余时间去参观美术馆、博物馆和各类教堂，观看音乐剧、歌剧和各类表演；英国长年举办各类艺术节和活动，你可以借此品尝世界各地的美食，欣赏世界各地的音乐、舞蹈，体验不同国家的文化。在假期的时候你可以利用公共交通方便地抵达英国各地和欧洲各国进行游览，而且持有英国签证会让你更容易申请到其他国家的签证，从而可以到世界各地旅游。

既然来英国留学有如此多的好处，心动的你就请快快行动起来吧！

议会大厦和大本钟

牛津自然与历史博物馆

伦敦塔桥

伦敦眼

第二节 英国教育制度综述

> 英国的教育体系分为五个阶段：早期教育、小学教育、中学教育、延续教育和高等教育。政府为 5~16 岁的学生提供强制的义务教育（北爱尔兰是从 4 岁开始），也就是说适龄学生必须上小学和中学。义务教育结束后，学生可以自由选择是就业、接受职业教育还是通过延续教育升入大学。在路线选择上，学生既可以选择职业路线（Vocational Route），也可以选择学术路线（Academic Route），还可以在两种路线之间自由转换。

1. 早期教育

英国的早期教育 (Early Years Education) 面向 5 岁以下的儿童，在英格兰、苏格兰、威尔士和北爱尔兰，规定年龄稍有不同。在英格兰，学生从 3 岁开始进入幼儿园（Nursery），可以享受每年 38 周、每周 15 小时的免费幼儿园教育；学生从 4 岁开始进入学前班（Reception），为接受小学教育做准备。

2. 小学教育

英国的小学教育（Primary Education）面向 5~11 岁的学生（北爱尔兰是 4 岁），学制与中国的小学教育相同，也是 6 年的时间。小学阶段的主要教育目标是培养学生基本的听说读写能力、数学运算能力、建立学生对自然科学的基本兴趣，以及为其他一些科目打下基础，如音乐、美术等。学生在完成该阶段后要参加小学升初中考试（Common Entrance Exam），之后进入下一阶段的学习。

3. 中学教育

英国的中学教育（Secondary Education）面向 11~16 岁的青少年，相当于国内的初中教育，也是义务教育的最后阶段。学生在该阶段的最后两年参加

GCSE（全称是 General Certificate of Secondary Education，普通中等教育证书）考试，学生在该阶段结束后通常会修满 5~10 种科目，之后可进入下一阶段的学习或选择就业。学生在该阶段的院校选择也比较多，可以选择公立院校（State School）、私立院校（Private School）、男校（Boys School）、女校（Girls School）或混校（Co-education）。GCSE 考试是英国学生生涯中第一个比较重要的考试，该成绩会对将来的大学申请和就业产生影响，笔者在接下来的章节中会详细介绍。

4. 延续教育

一般来说，接受延续教育（Further Education）的学生年龄介于 16~18 岁之间。学生可以选择走学术路线（Academic Route）或职业路线（Vocational Route）。学术路线着重培养学术研究方面的人才，职业路线则结合社会各层面的职业需要，培养在各种行业中具有专门技能和知识的人才。这两种体系在英国地位相同，职业教育和学术教育是平行的（详见本章末的"英语课程等级对照表"）。学生可以在两条路线之间自由转换，不仅可以从学术路线转换到职业路线，也可以从职业路线转回学术路线。

4.1 学术路线 A-Level 和 IB 课程

A-Level 的中文全称是"普通教育高级证书"（General Certificate of Education Advanced Level），相当于国内的高中课程，面向 16~18 岁的学生，是学术路线的重要阶段。学制为两年，第一年称为 AS Level，第二年称为 A2 Level。A-Level 的专业分科极为细致，有近百种科目可选择。学生要在近百门科目中选择自己比较擅长的 3~4 种进行学习，而这 3~4 种科目的成绩最后将作为学生升入大学的主要评定依据。A-Level 科目的选择非常重要，笔者在接下来的几个章节中将会详细介绍。绝大多数学生在修完 A-Level 课程后，会进入大学进行深造。

IB 的全称实际是 International Baccalaureate Diploma Programme，翻译过来是"国际预科证书课程"。该课程最初是为了满足外交官员子女的教育需求

而设计的，以便这些孩子能随父母在各个国家接受与英国国内相同质量的教育。IB 课程被世界认可，目前英国有 190 多所学校开设 IB 课程。该课程级别相当于 A-Level 课程，课程长度也是 2 年，接受 16~19 岁的学生入读，鼓励学生拥有独立思维和创造思维。学生可用 IB 成绩去申请英国和其他国家的大学，IB 课程满分为 45 分，取得 24 分就可以获得 IB 文凭，如果学生想申请牛津、剑桥这样的学校，则需要取得 40 分以上的成绩。

4.2 职业路线 BTEC 课程

BTEC（Business & Technology Education Council）是英国商业与技术教育委员会的简称，是 Edexcel 的品牌教育产品。在英国，有 400 多所学院和大学开设 BTEC 课程，全世界共有 120 多个国家和地区、7,000 多个中心采用 BTEC 的课程、教学及培训模式。BTEC 分为八个等级（Level 1~8），Level 2 相当于 GCSE，Level 3 相当于 A-Level，Level 5 相当于 HND（详见本章末的"英国课程等级对照表"）。学生可以选择的领域包括：应用科学、工程、美容美发、旅游酒店管理、计算机、艺术设计等多种应用学科。学生在取得 BTEC 文凭后，也可以转到对应的学术路线继续学习。

5. 高等教育

英国的高等教育（Higher Education）在世界享有盛誉，以教育资源丰富而闻名。英国有 160 所大学和学院拥有独立的学位授予权，700 多所学院和机构提供高等教育课程，由合作院校授予学生学位（来源：Education UK）。这些院校提供从 HND 到 PhD 不同级别的课程，而且专业选择众多。

HND 课程： HND（Higher National Diploma）是指英国高等教育文凭，课程长度为 2 年，主要教授一些应用性比较强的科目，相当于国内的大专。如果用课程级别（NQF Level）来划分的话，相当于 NQF 5 级。学生毕业后可以选择就业，也可以选择一年制专升本（Top-up）课程，取得本科学士学位，从而实现向学术路线的转换。

本科学位课程：英国的本科课程通常为3年（苏格兰为4年），医学专业需要5~6年的时间。根据学生最终取得的成绩，学生学位等级划分为一等学位（1st）、二级甲等（2:1）、二级乙等（2:2）和三等学位（3rd）。部分院校的本科课程还为学生提供带薪实习的机会，拓展学生的实践经验和增加就业砝码（详见本书2.2中英国"三明治"课程介绍）。学生还可以选择交换项目（Exchange Programme），利用一年或半年时间到其他国家交换学习，去拓宽国际视野。学生本科毕业后，可以选择就业，也可以选择升读研究生课程。

硕士学位课程：英国的硕士课程分为授课式和研究式两种，区别在于课程是以老师授课为主还是以学生独立研究为主，比如商科和社会科学硕士以授课为主，而研究型硕士多见于理工科专业。硕士课程通常为1~2年，学生成绩合格并通过最后的论文答辩即可获得硕士学位（Postgraduate Degree），少数未完成毕业论文或毕业设计的学生只能被授予硕士文凭（Postgraduate Diploma）。少部分院校的硕士课程也会提供实习机会（Work Placement）和短期海外院校交换的机会。硕士的学位成绩被划分为通过（Pass）、优秀（Merit）和卓越（Distinction）三个等级。多数学生在读完硕士后会选择就业，少数想要从事研究的学生会继续攻读博士学位。

博士学位课程：博士学位课程主要是学生在导师的指导下进行独立的研究，通常3~5年时间可以完成，什么时候毕业取决于学生什么时候能通过论文答辩。博士的开学时间相对于本科和硕士而言比较灵活，通常为9月和1月开学，也有些学校会在4月份开学。学生在申请博士的时候，要向导师提交研究计划书以阐明自己未来的研究方向。有多种组织和机构为攻读博士的学生提供奖学金，多数博士生毕业后会选择进入高校授课或进入科研机构继续从事研究。

Tips

博士后

博士是学位等级的最高级别,而博士后（Postdoc）表示的是一段工作经历,全称是 Post-doctoral Research,是指毕业后的博士生在院校或科研机构里继续从事科研性质的工作,常见于理科专业。

附：英国课程等级对照表

（英文全称：National Qualifications Framework，简称 NQF Level）

Level	NQF examples	QCF examples	FHEQ examples
Entry	- Entry Level Certificate - Entry Level Skills for Life	- Entry Level Award, Certificate and Diploma - Entry Level Functional Skills - Entry Level Foundation Learning	
1	- GCSE（Grade D-G） - Key Skills Level 1 - NVQ Level 1 - Skills for Life Level 1 - Foundation Diploma	- BTEC award, Certificate and Diploma Level 1 - Foundation Learning Level 1 - Functional Skills Level 1 - OCR National	
2	- GCSE（Grade A*-C） - Key Skills Level 2 - NVQ Level 2 - Skills for Life Level 2 - Higher Diploma	- BTEC award, Certificate and Diploma Level 2 - Functional Skills Level 2	
3	- AS and A-Level - Advanced Extension Award - Cambridge International Award - International Baccalaureate - Key Skills Level 3 - NVQ Level 3 - Advanced Diploma - Progression Diploma	- BTEC Award, Certificate and Diploma Level 3 - BTEC National - OCR National - Cambridge National	

（续表）

Level	NQF examples	QCF examples	FHEQ examples
4	- Certificate of Higher Education - Key Skills Level 4 - NVQ Level 4	- BTEC Professional Award, Certificate and Diploma Level 4	- Certificate of Higher Education - HNC
5	- HND - NVQ Level 4 - Higher Diploma	- BTEC Professional Award, Certificate and Diploma Level 5 - HNC - HND	- Diploma of Higher Education - Diploma of Further Education - Foundation Degree - HND
6	- NVQ Level 4	- BTEC Advanced Professional Award, Certificate and Diploma Level 6	- Bachelor's Degree - Graduate Certificate - Graduate Diploma
7	- BTEC Advanced Professional Award, Certificate and Diploma Level 7 - Fellowship and Fellowship Diploma - Postgraduate Certificate - Postgraduate Diploma - NVQ Level 5	- BTEC Advanced Professional Award, Certificate and Diploma Level 7	- Master's Degree - Postgraduate Certificate - Postgraduate Diploma
8	- NVQ Level 5	- Vocational Qualifications Level 8	- Doctorate

来源：GOV.UK

第三节 移民与就业政策

> 学生和家长在选择留学国家的时候，也会考查该国的留学、移民政策以及社会福利，从而为毕业后做打算。那么本小节就做一下相关介绍，希望能给大家的选择做个参考。

1. 就业政策

首先从学生的兼职工作说起，学生在英国就读期间可以合法打工，根据学生年龄和课程等级每周可以从事最多20个小时的兼职工作，假期可以全职工作。这样的实践机会可以帮助学生积累毕业后的工作经验。关于如何在英国找兼职工作，本书的第十章会做详细介绍。

学生毕业后，可以申请工作签证在英国继续工作，签证长度是3+3的形式（就是先给3年签证，签证到期以后可以续签3年）。如果申请人工作5年并满足签证要求，则可以申请永久居留权（PR）。暂时找不到提供工作签证雇主的学生，也可以申请毕业签证（Graduate Route），也就是之前的PSW签证，继续留在英国2~3年的时间，利用这个毕业签证去工作或找工作。

2. 移民政策

有些学生考虑毕业后移民英国，那么都有哪些途径呢？

1. 在英国连续工作5年并满足一定年收入要求的，可以申请永久居留权（简称永居）；

2. 与英籍人士结婚5年后可以申请永居（之前的规定是2年）；

3. 在英国合法居住满10年以上的，可以申请永居。申请人在取得永居身份1年

以后可以申请英国国籍。

有些家长会考虑直接移民英国，这样可以让孩子接受免费的公立教育，而且也可以全家享受英国的社会福利。有如此打算的家长，可以考虑办理投资移民的方式：

投资移民 (Investor)

该签证要求申请人年满18周岁，在英国投资200万英镑，签证发放采取3+2的形式（就是先发放3年签证，签证到期后可以再续签2年），申请人5年后可以获得永居身份，获得永居1年后可入英国国籍享受国家公共福利。此类签证也有加速条件，若申请人投资500万英镑，则在3年后可获得永居身份；若申请人投资1000万英镑，2年后就可以申请永居。

3. 社会福利

英国的社会福利分为国民保险（NI）、国民医疗保健系统（NHS）、个人社会福利、住房和教育等几大类别，这里只简单介绍留学生和家长可能关注的几个方面。

教育方面：5~16岁儿童可以享受免费的公立教育，政府为在高等教育院校就读的学生提供学生贷款（Student Loan），学生毕业后薪水达到21,000英镑/年后才开始偿还贷款，到了退休年龄还未偿还完毕的则停止偿还贷款。另外，苏格兰的大学为苏格兰学生和欧盟学生提供免费的本科教育。

国民医疗保健系统：英国居民可以免费享受医疗系统NHS（牙医除外）。之前国际学生也可以免费享受这一系统，2015年4月份后实行了改革，目前国际学生只需要支付470英镑/年的费用便可享受这一待遇，NHS所提供的服务性价比很高，学生所获得的收益是远远大于支出的。除此之外，NHS还定期对全民进行常见疾病的检查，学生只要注册一下就可以免费进行检查，对一些重大疾病能达到及早发现、及早治疗的效果。

个人福利：在英国出生的孩子可以享受政府发放的儿童补贴，所以家长不用为孩子的奶粉费用担心。女性雇员怀孕后可以享受6~12个月长度不等的产假，男性雇员也有长度不等的产假，可以在家陪伴妻子。

　　以上制度只是英国社会福利制度的冰山一角，但是享受到这一社会福利的公民是要支付高比例的个人所得税和社会保险的。在西方有一句戏言：在这个世界上只有两件事情是不可避免的，一个是死亡，一个是纳税。所以，只有付出才会有回报。

第二章 留学方案选择

本章导读

本章将向学生和家长介绍留学方案的选择。很多家长会纠结于在什么年龄送孩子出国是最好的选择；是送孩子出国读本科、读研究生，还是在中小学阶段就把孩子送出国；即使确定了出国年龄后，也不知道以何种方式送孩子出国比较好。本章将进一步介绍英国各个教育阶段的情况、学生在不同年龄段进入英国教育的优劣分析，以及当学生或家长选定出国年龄段后，通过怎样的途径才能衔接到英国教育。在章节的安排上，分为去英国读中学、去英国读本科、去英国读研究生、去英国读博士，学生和家长可以根据自己的需要选取不同的小节阅读。

第一节　去英国读中学

> 第一章第二小节介绍了英国教育制度的框架，5~16岁实行强制性义务教育，16岁以后学生可以选择学术路线 A-Level 或 IB、职业路线 BECT，或是选择直接就业。本小节将向中国的学生和家长介绍如何去英国就读 A-Level、GCSE，以及低龄学生如何来英国留学。

1. 去英国读 A-Level

A-Level 在英国教育体系中属于延续教育（Further Education）阶段，就读 A-Level 的学生的目标是将来继续就读英国的大学。就读 A-Level 的学生年龄通常在 16~18 岁之间，该阶段相当于中国的高中，但区别于三年制的中国高中，A-Level 课程只有两年。中国学生要想就读英国的 A-Level，通常要至少完成中国高一的课程才能进行学术上的衔接。语言方面要求学生具有雅思 5.0/5.5 的程度，这样才能具备基本的听课能力。一些顶级的 A-Level 院校甚至要求学生的语言达到 6.0/6.5 的程度。

英国的 A-Level 分为两年，学生要在两年中进行 3~4 门课程的深入学习，可以根据自己的兴趣爱好或未来职业发展方向选择 3~4 门课程就读，而这 3~4 门课程的成绩将作为学生将来升入大学的主要评定标准。A-Level 科目的选择众多，从中国学生比较熟知的经典高中科目数学、英文、物理、化学，到不太熟知的上大学以后才可能接触到的戏剧、舞蹈、平面设计、法律、工程等。A-Level 的成绩评定是从 A* 到 F（A*ABCDEF），E 以上级别是通过（Pass）而 F 是不及格（Fail），学生要达到 C 以上的成绩才可以申请到相对比较好的学校。关于如何选择 A-Level 科目和 A-Level 成绩的具体评定，将在本书的第八章进行详细介绍。

关于什么样的学生适合读 A-Level，需要跟大家好好探讨一下。A-Level 适合于学习能力还不错、自理能力比较好、将来想进入英国名校的学生，特别

是想要申请牛津、剑桥等 Top-10 名校的学生。像牛津、剑桥这样的学校是不认可预科（Foundation）成绩的，所以要进入牛津或剑桥的最好方式就是就读 A-Level。同时，A-Level 也是一把双刃剑，如果学生因为各种原因 A-Level 的成绩不是太好的话，会为进入名校增加困难，反而不如在英国读个大学预科（Foundation）的升学结果好。笔者在日常咨询中看到太多这样的案例了，所以希望学生和家长们要根据自身情况谨慎选择。

如果对自己到英国就读 A-Level 不是很有信心的话，可以考虑到英国来就读预科课程，因为很多好的学校如伦敦大学学院（UCL）、伦敦大学国王学院（KCL）、杜伦大学（Durham）、布里斯托大学（Bristol）、华威大学（Warwick）都是开设本科预科课程的。而且只要学生好好学习，就有很大的概率升入到对应的名校，关于预科课程，详见本书"2.2.2 通过预科入读本科"中的介绍。如果学生已经就读了 A-Level，但是成绩不太好怎么办？这种情况也不要担心，当学生读完 A-Level 第一年，发现自己的成绩不太好或不适应 A-Level 的学习的话，可以在第二年的时候果断转入预科的学习，这样就可以为自己将来的大学申请提供更多保障。

为了适应部分学生需求，有些院校还开设了一年制的压缩 A-Level 课程。这类课程适合已经在中国完成高二或高三课程，成绩优秀并致力于申请英国名校的学生。这类课程比较有挑战性，因为学生要在一年的时间内完成 A-Level 的所有考试，并且快速适应英国的学习和生活。还是建议学生和家长慎重选择，因为如果成绩不佳，不仅难以达到申请名校的目的，甚至可能对申请普通院校都产生影响，所以切忌拔苗助长。

2. 去英国读 GCSE

英国学生在 10 年级的时候要选择 GCSE 科目，并且在第 11 年结束的时候参加 GCSE 考试，相当于国内的初中升高中考试，这个也是强制教育的最后阶段。学生凭借 GCSE 考试成绩可以升入 A-Level、选择职业教育或者进入社会工作。很多国际学生也利用这个接入点来衔接英国的教育，英国大学在录取的时候也是要看 GCSE 成绩的。就读 GCSE 通常要求学生年龄在 14 岁或以上，并且有一定的数学和英文基础，学校还要另行测试学生。

学生通常要选择 10 门左右 GCSE 科目并参加最后的 GCSE 考试。GCSE 的科目选择众多，课程分为必修课和选修课，每个学校开设的课程也不太一样。必修课通常包括：数学、英文、英国文学、科学（包括：物理、化学、生物）、IT 等，而选修课包括历史、地理、音乐、戏剧、经济学、心理学、社会学、外语（包括：法语、西班牙语、德语和其他外语）等。学生可以根据自己的兴趣爱好和将来就读大学的方向自行选择。如果不确定科目，学生可以试读一些科目，如果觉得不适合自己的话，可以更换选择的科目。关于 GCSE 成绩的评定会在 "8.2.2 就读 GCSE" 中进行介绍。

那么什么样的学生适合来英国读 GCSE 呢？由于读 GCSE 的学生年龄普遍比较小，而海外生活比较具有挑战性，所以需要学生具备较强的适应能力和独立生活能力。有些学生从小在中国的寄宿学校或者在其他国家长大，这样的孩子在就读 GCSE 的时候就不会太让家长操心。家长在把孩子送出来之前，需要综合评估一下，自己的孩子适不适合在很小的年龄就被送出来读书。当然有些家长会选择放弃国内工作过来陪读，希望这样能给到孩子多一些关爱，但是家长陪读也让孩子失去了锻炼独立生活能力的机会。如果家长已经决定了要送孩子去读 GCSE，那么就请阅读本书第三章和第四章的相关内容。

3. 低龄学生去英国读书

在留学趋于低龄化的今天，很多家长选择让孩子在较小的年龄就出国深造，比如说小学阶段就来英国就读。这种情况下，选择衔接英国教育的时间点是比较重要的，通常国际学生会在 7 岁、11 岁、13 岁、14 岁或 16 岁开始接受英国教育，学校会根据学生的年龄和在本国已经完成的教育情况，把学生分配到相应的年级。之所以这几个年龄段是适合国际学生的最佳时机，是与英国大学教育前的 5 个阶段有关系的。

表 1 描述了每个阶段所对应的年级和年龄，不同阶段的开始阶段也是国际

学生衔接英国教育的时间点，学生在各个阶段的开始阶段进入学习可以更好地适应学校的教学，从而取得比较好的学习效果。如表所示，每个阶段会有不同的教学计划和大纲，结束后有不同的评估或考试，比如：GCSE 考试、A-Level 和 IB 考试等。

表 1　英国大学前的教育的 5 个阶段

Stage	School Year	Student Age	Assessment
Stage 1	Foundation year and Years 1 to 2	aged 5 to 7	Teacher Assessments
Stage 2	Years 3 to 6	aged 8 to 11	National Test
Stage 3	Years 7 to 9	aged 12 to 14	Teacher Assessments
Stage 4	Years 10 to 11	aged 15 to 16	GCSE
Stage 5	Years 12 to 13	aged 17 to 18	A-Level，IB，Vocational

总之，把孩子在中学甚至是小学阶段就送出来读书，可以帮助他们更好地融入英国社会、培养独立自主的生活能力以及不受拘束的创新思维能力等。家长除了要准备充足的资金外，还要考虑自己的孩子是否适合过早地来国外读书。当然，家长提前对孩子进行适当的培养和训练也能更好地帮助学生适应海外的学习和生活，比如说先来英国参加夏令营、经常带孩子出去旅游、让孩子在语言方面做好准备等。如果家长决定了要把孩子送来英国，那请继续阅读"4.1 英国中学申请"部分。

第二节 去英国读本科

> 通过第一章的介绍，相信学生和家长们已经对英国的总体教育情况有了初步的了解。本节将详细地介绍英国本科教育的基本情况，在国内读高中的学生如何衔接英国的本科教育，是通过预科的方式、直读的方式还是就读国际大一课程的方式。另外，本节还介绍了帮助学生获取实践经验和增加就业机会的英国"三明治"课程。

1. 英国本科教育基本介绍

英国的本科教育通常为三年（苏格兰四年），但医学和牙医等一些特殊专业需要更长的时间，这些专业在其他国家中的学制也比较长，因为这些专业需要更扎实的基础而且毕业后有不菲的收入，所以需要更长时间的打磨。为什么英国的本科教育要比中国和美国的时间短呢？因为英国的学生在上大学前已经完成了13年的基础教育，而且在高中（A-Level）阶段就已经初步学习了本科可能涉及的一些专业课程，虽然本科课程在时间上缩短了，但是学习的专业内容和深度并没有打折。

根据学生最终取得成绩的不同，英国大学将本科学士学位划分出不同等级（详见表2）。这个最后的成绩对将来学生的升学和就业都有比较大的影响，所以你可以看到在英国读本科的学生，会比 A-Level 阶段更加认真和努力。在中国读大学的学生只要进入了某个学府就基本不愁毕业，而在英国读大学如果成绩不好会有惨遭淘汰或被迫转专业的危险。概括地说一下学位等级的重要性，如果将来要继续就读硕士课程，至少要达到二级乙等（2:2）或以上等级的学位，好一些的学校要求二级甲等（2:1）学位，而顶级名校需要学生拿到一等学位（1st）才能去就读；如果你将来想到一些大公司实习和就业，要达到 2:1 或以上等级。如果你因为种种原因不幸取得了三等学位（3rd），通常要就读硕士预科才能升读硕士。在这给大家的启示是，选择学校的时候不要好高骛远，而且进入学校

以后也一定要努力学习。

表2　英国本科学位等级划分

学位等级	英文	简写	成绩要求
一等学位	First class degree	（1st）	70或以上
二级甲等	Upper-second class	（2:1）	60-69
二级乙等	Lower-second class	（2:2）	50-59
三等学位	Third class	（3rd）	40-49

国内高中生入读英国本科教育有多种途径，如：通过本科预科衔接英国大学、直接申请英国本科和就读大一文凭课程等。每种途径适合不同情况的学生，要根据学生所在年级、学习能力、语言成绩、家庭的留学预算等综合因素选择出比较适合学生的留学方式。请学生和家长们仔细阅读如下小节进行选择。

2. 通过预科入读本科

> 适合人群：绝大多数的中国学生
> 申请方式：直接向院校提出申请
> 申请要求：完成国内高二或高三课程，雅思成绩达到5.0或5.5
> 预科分类：校内预科/校外预科，一对多/一对一
> 授课内容：语言+专业课+学习方法+英国习俗和文化
> 途径优势：帮助完成从国内教育向英国教育的过渡
> 途径劣势：需要额外准备一年的学费和生活费

通过预科途径入读本科，是适合绝大多数中国学生的留学方式，它可以帮助学生实现语言、学习方式和海外生活上的过渡。建议中国学生读预科的原因是，英国学生在上大学前完成了13年的教育，而在中国是12年；英国学生在就读A-Level阶段就已经涉及了大学将要就读的专业课程，而对于多数中国学生来说他们在高中只学过语、数、外、生、理、化。另一方面原因是预科可以帮助学生提高英文和适应当地的口音，中国高中毕业生平均能拿到的雅思成绩在5.0/5.5左右，但是本科课程入读的要求是6.0/6.5，即便学生通过国内的雅思

培训班达到了这样的成绩，要完全听懂课程，还是有一定困难的，因为学生有可能不了解在英国学习的技巧和方法。所以说，就读预科课程是一个很好的过渡。

去英国就读预科课程，要求学生在国内完成高二或高三的课程。像伦敦大学学院（UCL）、华威大学（Warwick）、伦敦大学亚非学院（SOAS）这样名校的预科，学生需要完成高三的课程；而大多数学校的预科，学生完成高二课程就可以来英国读了。英国院校有长期接收国际学生的经验，已经了解这样的事实，中国的高中生在高一和高二阶段就已经完成了教学大纲的全部授课内容，高三是对课程的复习和准备高考的过程，所以只要凭借高一和高二的课程成绩，就可以去英国就读预科了。每个学校对预科的语言要求略有差别，通常是雅思5.0/5.5就可以直接就读。如果雅思成绩不够的话，还可以在读预科前增加英文课程，这样语言略低于标准要求的学生，也可以有机会来英国就读。

预科分很多类型：根据授课地点分为校内预科和校外预科，校内预科就是上课地点在校园内，更加方便学生与本科和研究生一起享用校园资源；而校外预科会相对独立一些。根据升学方式，还可以分为"一对一"和"一对多"的预科，一对一的预科通常由大学自己开设，学生预科成绩达标后通常升入对应大学的本科继续学习；部分学生会选择申请其他院校的本科继续深造，比如成绩未能达到本校升学要求或被更好的本科院校录取；而一对多的预科通常由学院（College）或第三方教育机构开设，预科院校的成绩被多所英国大学认可，学生按照自己成绩的高低进入不同的大学进行本科学习。预科有大学自己开办的，也有教育集团开办的，随着英国教育的国际化和产业化，越来越多的学校把自己的预科委托给教育集团运营，从而更加专注于本科和研究生的教育。无论是哪种形式的预科，只要教学质量和升学率有保障就是好的预科。

本科预科的授课内容主要是语言、专业课和学习方法。学生每学期要上3~4门课程，其中一门是英文或学术英文课程，帮助学生把雅思从5.0/5.5提高到6.0/6.5的水平。预科还会有课程专门讲授学习方法和英国文化，帮助学生更好地适应英国的学习和生活，完成国内教育到国外教育的过渡。预科中更重要的是专业课，可以让学生提前学习一些本科将要涉及的课程，弥补在国内高

中没有学习过相关专业课程的空缺。学生在这个阶段可以学习如何写论文、写学术报告、做研究，还可以学习如何有效地听讲，安排自己的学习和生活时间，为本科的学习打下坚实的基础。

3. 直接入读本科

> 适合人群：在英语国家就读高中的学生或成绩非常优秀的中国高中毕业生
> 申请方式：UCAS 申请
> 申请要求：完成高中课程，雅思成绩达到 6.0 或 6.5
> 途径优势：仅三年就可以完成本科课程
> 途径劣势：直接就读本科对学生挑战较大

在英国读完高中的学生，可以直接申请英国的大学。少数成绩优异的在中国读完高中的学生，也可以直接申请英国院校的本科课程。近年来，越来越多的英国大学认可中国的高考成绩，如：伯明翰大学、莱斯特大学、卡迪夫大学。国内学生凭借高考成绩和雅思成绩就可以绕过预科直接就读上述几所大学的本科课程。直接就读本科对于国内绝大多数高中生是比较有挑战性的，这条路线更适合在英国或其他英语国家高中毕业的学生。

如果选择直接申请英国本科，需要通过 UCAS（Universities and Colleges Admissions Service）进行，比较官方的翻译是"英国高等教育招生办公室"，听起来有点儿像中国的高招办，行使的职责有些类似但又有些不同。学生可以通过 UCAS 在线申请 5 所院校，在取得不同院校的通知书后，可以确认两所院校的通知书，第一所是首选，第二所是后备。当学生 A-Level 或预科成绩达到首选学校要求时，进入首选院校就读；当学生最后成绩达不到第一所学校的入学要求而满足后备学校要求的时候，可以进入后备学校就读。关于 UCAS 申请的细节，本书会在第四章节中进行详细介绍。

UCAS 申请关键时间表
9月1日——开始接受翌年 9/10 月份入学的申请
10月15日——牛津、剑桥截止申请（医学、兽医、牙医本科截止申请）
1月15日——欧盟和英国本土学生截止申请
2月底——UCAS 附加申请（Extra）开始
3月底——艺术类截止申请
6月30日——国际学生截止申请
7月中旬——UCAS 清档（Clearing）开始

总之，直接申请和入读英国本科，对于在国内完成高中课程的学生来说，难度相对比较大。适合英语能力比较强（6.0/6.5），对陌生环境的适应能力比较强，独立学习能力比较强的学生。如果是其他情况的学生，还是建议先读个预科或者就读国际大一课程。

4. 国际大一课程

适合人群：想节省时间和费用攻读本科的学生
申请方式：直接向院校提出申请
申请要求：完成高中课程，雅思成绩达到 5.0 或 5.5
升学要求：成绩达到 60% 或 65%
途径优势：时间短，录取要求低
途径劣势：仅部分院校开设该课程

国际大一课程（International Year One）结合了前两种方式，课程设置相当于把预科课程和大一的课程结合到一起。学生课程结束成绩合格，就可以升入对应大学的大二进行就读，总共只要三年就可以完成本科课程，节省了在英国读书的时间和费用。目前开设国际大一课程的只有部分英国院校和专业，学生的选择余地比较小，只有一小部分去英国读书的学生会选择这种方式。

国际大一课程比本科课程的语言要求低，只要雅思 5.0/5.5 就可以就读。学生可以利用这一年的时间，来充分提高英语水平，适应英国的学习和生活环

境。多数院校要求学生完成高中课程，个别排名低的学校要求学生完成高二课程，还有几个排名比较高的院校要求学生读完预科或国内大一的课程才可以就读。学习内容上与预科课程类似，也是"语言+专业课+学习方法"。学生课程结束后通常要求成绩达到60%或以上成绩就可以升入对应大学的二年级。

　　以上介绍了三种去英国就读本科的途径，学生和家长要根据自身情况进行选择。要综合衡量家庭资金情况、学生语言程度、自学能力、适应陌生环境的能力和独立生存能力等诸多因素进行抉择。众所周知，牛津、剑桥这样的名校更青睐于就读A-Level和IB课程的国际学生。如果学生的目标是牛津、剑桥这样的名校，还是建议来英国先读A-Level（请参考2.1 去英国读中学）。

附：英国"三明治"课程介绍

英国非常有特色的课程就是"三明治"带薪实习课程。这种课程是将学位课程的学习时间分为两段,由学术学习和实习两部分构成,形成"学习＋工作＋学习"的模式。因其结构很像"面包＋火腿＋面包"的三明治而得名。

该课程的形式有很多种：本科的三明治课程一般是前两年上课,第三年实习,第四年回来继续上课和写论文；在有的学校,学生也可以选择前三年上课,最后一年实习,由学校提供实习机会,但需要学生自己申请和面试,学校提供各种支持和辅导。研究生的三明治课程是"学习＋带薪实习＋论文/毕业设计"的模式,时间通常是3~6个月,也有个别院校提供1年制的硕士带薪实习课程。总的来说,提供研究生三明治课程的学校相对比较少,该课程主要集中在本科阶段。

就读三明治课程的好处多多：一方面学生可以通过实习来应用自己所学到的知识,经历"理论—实践—理论"的升华,从而真正领悟专业所学；另一方面,参加该课程可以帮助学生就业,提升学生在就业市场上的竞争力。如果学生在实习期间表现优秀,将来毕业后可以在企业留用,或者可以为个人简历（CV）增色,在海外的实习经历对申请其他企业和回国就业都有帮助。

开设本科三明治课程的英国院校非常多,如：巴斯大学、萨里大学、谢菲尔德哈勒姆大学、诺丁汉特伦特大学、布鲁内尔大学、诺森比亚大学等。学生可以根据自己的兴趣爱好选择适合自己的专业,根据需求选择自己想去的学校。

第三节 去英国读硕士

> 去英国读硕士的学生在英国留学生中占据很大的比例，因为英国的硕士学制比较短，申请的时候只要提供雅思成绩就可以，而申请美国和加拿大硕士还需要提供 GMAT 或 GRE 成绩。本小节将向学生和家长介绍英国硕士的基本情况；在中国、英国和其他国家完成本科学位的学生如何衔接到英国读硕士；大专生和其他学历的学生如何来英国攻读硕士学位。

1. 英国硕士基本介绍

英国硕士的时间通常为一年，比中国、美国和加拿大的硕士课程都要节省时间，个别学校和专业也开设两年制的硕士课程。硕士课程根据学习方式分为授课型硕士（Taught Master）和研究型硕士（Research Master）两种。开学时间除了 9 月外，有些学校还会开设 1 月开学的硕士课程，详见如下介绍：

★ **类型：授课式与研究式**

绝大多数来英国留学的学生都会选择授课式的研究生，只要你按照学校教学计划好好上课，通过学校的考核，好好做毕业论文或设计，最终就能拿到毕业证书。研究式的硕士以学生的独立研究为主，老师给予适度指导，是将来攻读博士课程的基础。如果学生已经非常明确自己将来要读博士课程并且有明确的研究方向的话，可以考虑直接申请研究型硕士，该课程的申请需要学生撰写 1,000~3,000 字不等的研究计划书。

★ **硕士学制：1~2 年**

英国授课式硕士的长度通常为 1 年，分为 3 个学期，授课制的硕士前两个学期以授课为主，学生需要按时去学校上课，完成老师布置的作业如小论文（Essay）、报告（Report）、课程作业（Course Work），或参加学校指定的考试（Exam）。最后一个学期学生要在导师的指导下独立完成 10,000~15,000 字的毕业论文（Dissertation）或者毕业设计。总体来说，英国一年制硕士课程设置非常紧凑，每个学期之间学生只有2周左右的假期，学生的工作量也很大。一个学年下来，除了学术水平见长之外，学生在团队合作和时间管理方面的能力都会有所提高。

部分学校也开设两年制的授课式硕士课程，如爱丁堡大学的建筑专业、谢菲尔德大学的法律专业等。学生两年内完成4个学期的学习，最后一学期用于毕业论文或毕业设计。这种课程设置比较接近于美国大学的课程安排，学生可以利用暑期进行实习（Internship），或去欧洲其他国家旅游。无论是增长阅历还是积累工作经验，对于人生来讲都是一笔宝贵的财富。笔者有两个学生就是因为有过暑期实习的经历，最终毕业后在英国找到了理想的工作。

★开学时间：1月或9月

英国所有院校设有秋季开学硕士专业，学生每年9月／10月入学。部分院校也设有春季开学专业，学生每年1月／2月入学。为了满足学生灵活入学的需要，越来越多的大学增设春季开学的专业（详见下表）。还有部分院校设有4／5月份开学的硕士专业，如：桑德兰大学（伦敦校区），诺桑比亚大学（伦敦校区）的商科硕士专业，还有一些依附于大学授予学位的学院也提供4／5月份开学的硕士课程。学生可以根据自己的计划和需求选择适当的开学时间。

提供春季开学硕士课程的部分英国大学：

1. Aberdeen University（阿伯丁大学）
2. Brunel University（布鲁奈尔大学）
3. Coventry University（考文垂大学）
4. Edinburgh Napier University（爱丁堡龙比亚大学）
5. Greenwich University（格林尼治大学）
6. Glasgow Caledonian University（格拉斯哥卡利多尼亚大学）
7. Heriot-Watt University（赫瑞瓦特大学）
8. Hertfordshire University（哈德斯菲尔德大学）
9. Middlesex University（密德萨斯大学）

10. Northumbria University （诺桑比亚大学）

11. Nottingham Trent University （诺丁汉特伦特大学）

12. Robert Gordon University （罗伯特戈登大学）

13. Sheffield Hallam University （谢菲尔德哈拉姆大学）

14. Sunderland University （桑德兰大学）

15. University of Salford （索尔福德大学）

16. University of Glasgow （格拉斯哥大学）

17. University of Plymouth （朴次茅斯大学）

18. University of Central Lancashire （中央兰开夏大学）

2. 本科生升读硕士

随着中国高等教育的大规模扩招，越来越多的学生持有本科文凭。本科生在就业市场上已经不占据很大优势，一些在国内读完本科的学生会选择来海外进修硕士，提高国际视野或增加自己文凭的含金量；有些本科就在英国就读的学生，也会继续读个硕士来增加回国就业的砝码；还有一些在其他国家完成本科学历的学生，出于各种考虑选择来英国读硕士。无论是出于何种需要打算进修英国硕士的学生，都可以在本章节找到需要的内容。

总体来说，英国大学在决定是否录取学生的时候会考虑学术背景、工作经验、语言水平等三方面因素。学术背景可以是学生的本科院校、专业、平均分（GPA），也可以是授课老师对学生的评价，还可以是学生之前发表过的文章、做过的设计或项目；申请多数专业是无须工作经验的，但是如果学生有相关工作或实习经验的话，会为其申请增色；绝大多数的英国院校在学生申请的时候是无须提供雅思等语言成绩的，但如果学生很早就考出比较高的语言成绩的话，也同样会增加被录取的概率。

接下来，笔者为在不同国家完成本科教育并要申请英国硕士的学生，提供不同的学习方案。

2.1 在英国完成本科的学生

相信通过前边的介绍，学生对英国的学位等级划分应该并不陌生，不熟悉的学生请参看本章 2.2.1 中的介绍。在英国读本科的学生，学校会根据你的成绩授予你不同的学位等级。研究生院校根据学生获得的学位等级进行录取。通常能拿到 1st 和 2:1 的学生会被很好的学校录取；取得 2:2 成绩的学生只能被普通学校录取；而那些只拿到了 3 等学位的学生，想要继续升学是比较困难的，可以考虑先读个硕士预科过渡一下。关于硕士预科可以参看本书 2.3.3.1 中的介绍。

中国的大部分学生和家长都有名校情结，就是开始申请本科的时候一定要上名校，其实这种做法是一把双刃剑，因为名校是比较难拿高分且比较难毕业的，学生在好学校考试不及格和被劝退的情况也屡见不鲜。而且在研究生录取的时候，学生本科成绩是很重要的。牛津、剑桥毕业的学生，最后达不到 2:2 或以上的学位，照样进不了本校读硕士。排名 70、80 名的学校的学生，如果能取得非常好的毕业成绩，一样可以入读名校。所以学生和家长一定要正确评估学生的学习能力，选择适合的学校，不要因为拔苗助长而遗憾终生。

随着中英合作的不断加强，越来越多的中国学生参与到了 2+2 或 3+1 项目当中。所谓 2+2 就是先在中国大学读两年，再到英国大学读两年，最终获得本科毕业证（有些学生还可以同时获得中英两国毕业证）；3+1 项目同理，就是先在中国读三年，再到英国读最后一年取得本科学历。对于这类学生的评估，英国研究生院校会同时参考学生在国内的成绩和在英国即将获得的学位等级，以决定是否录取。当然，如果学生在英国读书的那一两年的成绩还不错的话，会比在国内就读 4 年本科的学生更容易取得名校的通知书。

2.2 在中国完成本科的学生

中国大学的本科毕业生申请英国硕士的时候，学校主要考查的方面之一是学生的本科院校和平均成绩。如果学生本科院校比较好的话，英国院校对其平均分要求会降低。那中国有上千所高等教育机构，英国院校如何知道学生本科院校的好坏呢？随着中英教育的不断交流，英国院校也在不断加深对中国院校

的了解，它们知道中国的211、985院校是国家重点建设的大学，而且录取办公室会参考不同版本的中国大学的排名，其中比较常用的是Netbig网大的排名（http://www.netbig.com）。如杜伦大学研究生的录取要求是，只考虑中国大学排名榜上排名前100的学校的学生。当然也不是所有学校都如此严苛，很多学校在录取学生的时候是逐案分析（Case by Case）的，会综合考虑学生各个方面的因素。

关于中国成绩和英国学位等级的对应，网上和各类书籍中有不同的版本，为了不误导大家，本书没有列出相应的表格。建议学生去意向学校逐个查找，英国大学的网站上会有你的国家（Your Country）那一项，列出对各个国家学生的本科成绩要求。比如说曼彻斯特大学对中国大陆学生的要求是GPA 3.0或平均分80%以上，而华威大学认为平均分82%以上才被认为是2:1学位。所以学生要根据学校具体要求来决定是否要申请该所院校。

曼彻斯特大学要求
Taught master's entry requirements differ between courses but generally taught master's applicants with a bachelor's degree from a recognised good-quality Chinese university, with a minimum overall average grade of 80% or a minimum GPA of 3.0（out of 4.0）will be considered for admission on to taught masters programmes.

华威大学入学要求
Postgraduate：A score of 82% or 3.3 from a well ranked public institution is considered comparable to a UK 2.1 while a score of 77% or 2.9 is considered comparable to a UK 2.2. However, we take in to account the subjects studied as well as the institution studied at and so requirements do vary.

另外，之前在名校就读三本的学生，在申请英国学校的时候是很讨巧的，比如北师大珠海分校、中国传媒大学南广分校。英国院校之前不太了解中国三本院校的设置和由来，于是对中国三本院校的学生采取与名校相同的录取标准，很多学生借此机会申请到英国名校的录取通知书。但后来随着英国院校录取办公室（Admission Office）对中国院校的不断了解，很多英国院校采取了对三本院校差别对待的政策，有的英国院校提高了对三本院校的成绩要求，有的英国

名校不接受中国三本院校的学生，如：格拉斯哥大学就发出了不接受中国三本院校学生申请的通知。总之，随着国际学生申请人数的不断增加，英国院校不断调整录取要求来招收更符合本校要求的优秀学生。

2.3 在其他国家完成本科的学生

除了在中国和英国完成本科的学生外，还有一部分在其他国家取得本科文凭的学生（如：美国、日本、澳洲、新加坡等）也想来英国进修一个硕士。如何把自己在第三国取得的成绩与英国学位等级对应，确实难倒了许多学生。其实不用发愁，只要多花一些时间，在英国大学的网站上都可以找到对应答案。为了方便大家，笔者列出了一些主要留学国家与英国学位等级的对比（详见表3）。如：在美国就读本科的学生，取得GPA 3.3或以上的成绩被认为是英国的2:1学位，在美国取得GPA 3.0的成绩被认为是英国的2:2等学位。当然学生也可以用上一小节中描述的方法，到学校网站你的国家（Your country）中去寻找英国院校对学生本科就读国家的成绩要求。

表3 一些主要留学国家与英国学位等级的对比

Country（国家）	Entry Requirement（入学标准）
U.S.A 美国	Postgraduate：A CGPA of at least 3.3 in an honors programme, with a minimum of 3.5 in degree relevant subjects, is considered comparable to a 2:1（Upper Second Class Honours）, while a score of 50 % or C or 3.0 is considered comparable to a UK 2.2 for entry onto Masters programmes. Evidence of research papers completed will also be welcome. Typically students from a US degree programme will normally not be eligible for direct entry to our PhD programmes without a Masters qualification. Please download our 'Doctoral Perspective' for US candidates for more information.
Australia 澳大利亚	Postgraduate：We would normally require a four-year Bachelor's (Honours) degree with a 2:1 Distinction (70-79%), although some courses may also welcome applicants offering at least a 2:2 Credit (60-69%). Applications from students with a three-year Bachelor's degree from an Australian university are also welcomed. You will normally be required to have or attain a final degree classification awarded as First Class or High Distinction.

（续表）

Country （国家）	Entry Requirement（入学标准）
Japan 日本	Postgraduate: A bachelors degree is considered comparable to British bachelors (Honours) degree standard. A score of B or 3.0 from a well ranked institution is considered comparable to a UK 2.1, while a score of C or 2.0 is considered comparable to a UK 2.2.
Korea （South） 韩国	Postgraduate: Bachelors Degree is considered comparable to British Bachelors (Honours) degree standard. A score of B or a GPA of 3.5 from a well-ranked institution is considered comparable to a UK 2.1, while a score of C or 3.0 is considered comparable to a UK 2.2.
Canada 加拿大	Postgraduate: Typically either a GPA 3.3, numeric grade of 77 or above, or B+ will be considered equivalent to a 2:1 degree.
Singapore 新加坡	Postgraduate: Holders of a degree at Bachelor (Hons) or Masters level with good grades from Singaporean universities will be considered for entry to postgraduate degrees at Warwick. A score of 60% or B or 3.1 from a well-ranked institution is considered comparable to a UK 2.1, while a score of 50% or C or 2.7 is considered comparable to a UK 2.2.
New Zealand 新西兰	Postgraduate: A score of B+/B or 6.0 GPA from a well-ranked institution is considered comparable to a UK 2.1, while a score of B-/C+ or 5.0 GPA is considered comparable to a UK 2.2. Requirements may vary dependant on scoring system used.

总之，无论是在中国、英国还是其他国家完成本科，学生在申请英国院校的时候，都要先了解英国院校对本科成绩的具体要求，然后对自己的情况进行评估后再申请，这样才能对所申请的院校进行准确定位。虽然英国绝大多数院校是不需要申请费的，但是贸然投递太多的院校，既浪费自己的时间和精力，也浪费英国院校的审核资源。

3. 大专生攻读硕士

一些在国内取得大专学历的学生，如果打算去英国就读研究生，主要有三种途径：一是就读硕士预科；二是在英国就读本科的最后一年取得本科学位后再攻读硕士；三是具有一定工作经验的大专学生可以直接申请英国的硕士。这三种攻读英国硕士的途径各有利弊，下面会为大家详细阐述。

3.1 硕士预科

> 适合人群：拥有大专及以上文凭的学生
> 申请要求：专科或以上学历，雅思成绩达到 5.5 分
> 相对优势：为硕士学习打下坚实基础
> 相对劣势：总计时间为 1.5~2 年，花费可能比较大

硕士预科适合那些学历或者语言成绩没有达到硕士直接录取标准的学生，如：想攻读英国硕士的大专毕业生；想要转专业攻读硕士的本科毕业生；雅思成绩没有达到英国直读硕士标准的学生。这些学生可以通过硕士预科来弥补学历和语言上的不足。硕士预科的授课内容主要包括语言、学术课程和学习方法三部分，不同学校课程设置的侧重点不同，有的学校侧重语言和学习方法，有些学校学术课程则占很大比重。学生要根据自己的需要来选择适合的硕士预科。

硕士预科课程的长度分为 3、6 和 9 个月（或 1 个学期、2 个学期和 3 个学期），多数学校都是 2~3 个学期，个别学校开设 1 个学期的硕士预科，如布鲁奈尔大学（Brunel）和赫特福德大学（Hertfordshire）。如果学生就读的是校内硕士预科，在课程结束后如果最终成绩达到要求（如 60~65 分），则无须重新申请，也无须再提供雅思成绩，便可直接升读所在大学的硕士课程；学生如果想转入其他学校，通常需要重新考雅思并重新申请硕士课程。如果学生就读的是校外的硕士预科，则需要重新申请硕士课程。院校不同硕士预科的升学率不同，所以学生应在申请前做好调查，以免最后出现升学困难的问题。

3.2 专升本

> **适合人群**：想先取得本科文凭再申请硕士，且语言成绩比较好的学生
> **申请要求**：专科或以上学历，雅思成绩达到 6.0 或 6.5 分
> **相对优势**：可以拿到本科和硕士两个海外学位
> **相对劣势**：对雅思成绩的要求比较高，直接入读本科最后一年挑战较大

专升本课程面向的是完成 HND 课程或在国内完成 3 年制大专，并想要取得英国本科学位的学生。专升本课程是英国本科课程的最后一年，分为 2 个学期，第一学期学生需要修 3~4 种科目，第二学期学生除了修够学分外还要完成毕业论文，所以整个课程是比较紧凑的，对学生的挑战也是比较大的。对雅思成绩的要求跟直读本科的相同，通常要求 6.0 或 6.5。那些语言成绩没有达到直读标准的学生，前期也可以选择学前英文课程（Pre-sessional English），语言考核通过后再进入本科的最后一年学习。

学生在专升本课程结束后，可以选择就业或攻读硕士课程。多数中国学生会选择读完硕士之后再回国或在英国找工作。对通过专升本课程申请英国硕士的学生，英国院校会对其国内专科成绩和专升本课程成绩进行综合评估。专升本成绩很好的学生有可能被优秀院校录取；专升本成绩只有 2:2 或 3 等学位的学生则很难被好学校录取。录取原则与"2.3.2 本科生升读硕士"中介绍的成绩评定办法相同，所以建议学生选择一个跟自己水平相当的院校完成专升本课程，因为毕业成绩在国外是非常重要的。

3.3 直接申请

> 适合人群：适合有一定工作经验的专科毕业生
> 申请要求：专科毕业，有一定的工作经验，雅思成绩达到 6.0 或 6.5 分
> 相对优势：节省时间和费用
> 相对劣势：需要快速适应英国的学习和生活节奏，较难充分体验英国社会

大专毕业且有一定工作经验的学生也可以直接申请英国硕士，由于排名较高的英国大学多为研究型院校，因此需要拥有学士学位的学生才可以申请；而授课型院校的硕士课程设置比较偏向实践，入学要求相对灵活，有工作经验的大专毕业生可以考虑申请这类学校。直读硕士课程要求学生雅思成绩达到 6.0 或 6.5 分，没有达到直读成绩的学生，可以申请学前英文课程（Pre-sessional English）进行强化和提高，语言成绩达到标准之后再读硕士课程。

那些有一定工作经验想要出国深造的学生，通常有着比较明确的目标，他们多数是因为职业发展的需要，选择的硕士专业多与工作经验或专科专业相关。而且，英国大学在录取大专生的时候，要求申请者具有与申请专业相关的工作经验。大专毕业生直接申请英国硕士是一种比较节省时间和费用的方式，但是申请者可以选择的院校比较有限，而且对于那些没有海外教育和学习经历的学生来说，学习上会遇到不小的挑战和考验。

4. 其他学历攻读英国硕士

对于持有成人自考或函授学历，想要申请英国硕士的学生，英国院校同样采取逐案分析（Case by Case）的录取方式。如果学生持有本科学士学位证书，申请和录取条件请参看"2.3.2 本科生升读硕士"部分；如果学生持有成人自考的 3 年制大专文凭或只有本科毕业证而无学位证，请参看"2.3.3 大专生攻读硕士"部分；如果学生仅持有 2 年制大专文凭，可以考虑插读英国本科的第 2 年，建议选择一些入学要求相对灵活的大学，原则是不要好高骛远，要知道适合自己的才是最好的。

总之，申请英国硕士需要进行大量的信息搜集，还要学生结合个人学历、工作经验和未来职业规划才能做出最后的决定。无论你之前是在中国、英国还是其他国家获得的第一学历，也无论你拥有的是本科文凭、大专文凭还是其他文凭，以上方案总有一款适合你，帮助你实现到英国攻读硕士学位的目标。

第四节 去英国读博士

> 上一小节介绍了去英国攻读硕士学位的情况，想必有些学生还有进一步攻读博士学位的想法。攻读博士学位不仅能增长学识，而且对于将来想进入高校或其他研究型机构工作的学生来说，博士学位是一块很好的敲门砖。那么，如果想获得博士学位，需要做哪些准备工作呢？下面让我们一起来了解一下在英国读博士的情况。

1．博士学制

英国博士课程的优势之一就是学制短，一般只需要3~4年。英国的博士在读学生绝大多数是不需要上课的，整个博士在读期间只搞研究。英国的博士学制比较灵活，不是说一定要读3年或4年，学生从读博的第一天起就开始准备博士毕业论文，何时毕业论文写得达到出版水平了，就可以提交了。全年任何时间都可以提交，最快有两年就毕业的，慢的有六七年的。近年来，少数学校开始引入"1+3"模式，即第1年进行必修课程的学习，学生需要通过期末考试，在第1年的课程学分修满以后，再开始进行为期3年的博士学习。这种"1+3"模式需要支付4年的学费，但是可以为学生的博士学习打下很坚实的基础。相比之下，美国的博士学制时间更长一些，美国博士课程要求学生前两年必须修满课程学分，从第3年起再开始准备博士毕业论文。因此学生在美国读5~8年博士的情况也屡见不鲜。

2．开学时间

英国博士的开学时间通常是秋季（9月）和春季（1月），其中以秋季为主。除了这两个开学时间以外，有的学校会在4月开学，还有的学校甚至全年任何月份都允许入学。不过大多数学校还是实行秋季入学，因为这样便于管理，可以集中提供各种新生介绍活动和培训，如统一安排学生进行医疗注册和警察局

注册等事项。其他时间入学的学生，一般就得自己去完成这些事情了。

3. 申请要求

大多数英国学校的博士申请要求申请者本科取得 2:1 或以上等级的学位，且硕士成绩优良。一些自然科学，比如生物、化学等专业的学生可以从本科直接申请博士，进行硕博连读。社科人文类学生申请博士，一般需要拥有硕士学位。对于硕士成绩，每个学校的要求都不太一样，比如杜伦大学的要求是硕士毕业论文成绩不低于 65 分。另外，申请博士还需要撰写一份不错的研究计划书（Research Proposal），研究计划书会在第四章中详细讲解。总而言之，申请英国院校的博士要满足两个基本条件：中等偏上的硕士毕业论文成绩和一份好的研究计划书。

剑桥叹息桥

附：自我测试：你适合读博士吗？

作者：胡玉洁（英国杜伦大学博士，学生助教）

"To do（读）or not to do（读），this is a question."（读还是不读，这是个问题）。到底要不要读博士呢？如图1所示，让笔者用几个线索问题来带领你寻找答案吧！

图1 判断是否适合读博士的线索图

线索1 → 将来想要从事什么职业？

如果你将来想做高校教师、高校或研究机构的研究员、企业研发部门的研究人员，那恭喜你，读博是一个很好的选择。如果你将来想去企业里闯荡，尤其是在更看重工作能力与工作经验的地方，开拓一片天地，那么不好意思，黄灯亮起，请赶快去找工作吧。因为读博对提高工作能力没有太大的帮助，而且

把你最重要的青春奉献在两米写字台上,而错过最重要的原始工作经验积累的机会是一件不太划算的事情。等博士毕业了你也都快三十岁了,看看以前的大学同学有不少已经成为经理了,而你可能要面临在企业里从头开始的尴尬处境。

线索 2 → 有没有学术能力?

学术能力是大多数博士生导师所看重的。只有当你有了足够的学术能力,导师才能带领你顺利地毕业。学生的学术能力主要体现在对学术知识的掌握和研究能力上。对学术知识的掌握可以通过专业课程的学习情况体现出来。研究能力可以通过对研究方法的掌握程度以及之前的发表经验体现出来。研究能力里还有一个重要的方面,就是学习能力。你能否通过搜索等手段比较迅速地掌握一个知识点和一个理论的发展历史,学习使用一款软件(比如理科生需要用到 Matlab、Stata、SAS 等学术软件),甚至是学会一门外语(比如很多古典学和哲学类的学生需要学习拉丁语、希腊语和德语)?这些都是研究能力的体现。

线索 3 → 生活能不能自理?

如果你是人文类或社会科学类专业的学生,那么一般需要 4 年左右的时间完成博士学位的学习。也许你会说:国内的本科也是 4 年,那 4 年过得挺舒心啊!有吃有喝又有玩!不过在英国,除了伦敦以外,其他地方的中餐和娱乐产业都没有国内那么发达,有些中小城市的店铺甚至每天下午 5 点基本就全关了,除了酒吧就没有其他的娱乐场所了。博士生因为没有课,所以平时接触的人也比较少,一般也没有本科生那么能折腾,生活比较平淡,也没有人监督你要每天早睡早起,因此博士生比较容易晚上熬夜白天睡觉,或是一直没有固定的作息时间,生物钟不规律。时间久了,身体的内分泌系统会紊乱,也容易患上慢性病,尤其是颈椎腰椎容易出问题。照顾好自己的身体,以及安排好学习、生活或兼职的时间,都是博士生需要具备的软实力。

线索 4 → 能不能耐得住孤独?

古人说:高处不胜寒。读博不仅要学会生活自理,心理上也要自立。世界上不会有人与你的研究完全一样(如果一样你就得换题目了),只有你自己在做这项研究。虽然有不懂的地方，可以试着询问周围的人，但其实别说同学了，即使是导师到了后期也不会比你更了解你自己的研究。导师的责任是在大是大非等主要问题上进行指导，而有些细节的取舍，更多的还是看自己，尤其是在自学理论和软件的时候，所以大多数博士生是孤独的。无论你的理论要研究到多深，都得独立地去研究、去思索。读到了博士，便几乎没有人可以依赖，也没有人会特别懂你的研究。父母和家乡的美食也在万里之外，如果你是异地恋或者连个恋爱对象也没有，那便更是孤独。读博士要做好心理准备，准备承受心灵上的孤独。

线索 5 → 你有足够的资金支持吗？

家庭富裕的学生请直接忽略此条。家里经济条件有点紧张、想通过打工补贴生活的学生，请仔细阅读以下信息。读博期间是可以打工的，每周的兼职在 20 小时内（含 20 小时）都是被英国政府允许的，只要有国家社会保险号码（National Insurance Number）就可以做兼职了。而且因为大多数博士生从开学的第一天起就没有课，比本科生和硕士生的时间更充裕，所以他们可以灵活安排的时间比较多。笔者在读博期间就靠兼职养活了自己，事实证明只要肯花时间和精力做兼职是可以赚足生活费的。但想靠兼职来解决所有的学费和生活费问题便有点不切实际了。在这种情况下，学生需在准备申请博士的阶段，便开始寻找可以获得奖学金的机会。具体的奖学金申请渠道在第四章里会讲。

线索 6 → 你擅长写作吗？

这一条更适合针对文科生。博士毕业论文的字数只有上限没有下限。上限是 100,000 字。一般来讲，理科生的字数要求比文科生的少。理科生比较常见的论文字数是 25,000~60,000 字，而文科生比较常见的是达到字数上限，甚至很多情况下都是因为超过了字数上限不得不精简话语或删除多余的内容。

如果以上所有的问题你都想清楚了，仍然觉得自己对读博有热情，那么恭喜你，通过了本轮的考验，获得了开启下一轮的钥匙——准备申请院校。

第三章 院校和专业选择

本章导读

本章将向学生和家长介绍如何根据职业规划、兴趣爱好和第三方评估来选择留学专业；在选择英国大学和中学的时候应该考虑哪些因素；国际学生常见的热门专业统计和介绍；中英两国的就业形势与收入分析。帮学生全方位地评估自己、了解英国院校和中英两国的就业情况，从而选择出适合自己的院校和专业进行申请。

学生在选择留学院校和专业的时候，应该问自己这些问题：

1. 未来想要从事什么样的职业？
2. 感兴趣和擅长的科目是什么？
3. 不感兴趣和不擅长的科目是什么？
4. 想做科研型工作还是实践型工作？
5. 喜欢大城市、中小型城市还是乡村？
6. 喜欢与本国学生在一起还是与各个国家的学生在一起？
7. 是否要求学校一定要有自己的校园？
8. 比较在意的其他因素有哪些？

带着以上问题，本章节将为学生和家长一一解答如何选择留学院校和专业。

第一节　留学专业选择

> 无论是在国内读大学还是出国留学，专业选择历来是让一些学生和家长比较纠结的问题。如果学生不太明确自己未来的方向，不妨尝试如下方法：想想自己将来想要从事的职业、兴趣爱好、擅长和不擅长的科目；使用一些职业测试工具来测评；向亲朋好友咨询；了解留学生选择的热门专业；比较中国和英国不同专业毕业生的就业形势和收入。相信通过这些研究和对比，你很快就会有答案。

1. 如何选择留学专业？

1.1 以职业规划为导向

一些学生对将来有明确的职业规划，清楚自己学业结束后想要做什么，例如想成为律师、建筑师、工程师；将来想进入银行或电信部门工作；将来打算接管家族企业等。这些已经有清晰职业规划的学生只要找到对应的可以实现自己职业目标的专业去申请就可以了。比如将来想进入银行工作的学生，除了可以考虑选择金融、会计等专业外，还可以考虑选择数学、精算、计算机，甚至工程专业。因为商业银行和投资银行不仅招聘金融专业的学生，也会招聘具有其他专业背景的毕业生。

有些学生只是确定了大概的方向，但是具体选择还不是很明晰。比如有些学生想日后成为工程师，但是工程还分为很多种类，比如土木、材料、电子、航空航天工程。如果学生在上大学前不是很明确自己未来的专业选择的话，可以考虑在本科阶段学习一些基础学科，如物理、化学、生物等专业，研究生阶段再转入具体的工程专业学习；也可以在本科预科阶段选择工程方向的预科，在学习过程中逐渐明确目标，在申请本科前确定具体的工程专业。

另外一点值得注意的是，如果学生想毕业后在英国就业的话，有些职业是

需要考取职业执照的,比如律师、护士、药剂师等。想进入这几类领域,要提前了解相关的职业考试信息,并且在上学期间就要做准备。

1.2 以兴趣爱好为导向

除了以未来职业为导向选择留学专业以外,学生还可以以自己的兴趣爱好和擅长的科目为导向进行选择。有些学生擅长数理化,有些学生擅长语文和外语,而有些学生则对艺术更感兴趣。兴趣爱好是学生学习的最好原动力。擅长数理化的学生可以选择科学、工程或IT等相关专业;擅长文科的学生可以选择商科、社会科学等专业;而对艺术感兴趣的学生,也有多种艺术门类的选择,如景观设计、平面设计、时装设计、视觉传达、室内设计等。

来英国留学的好处是,国际学生在就读正式本科课程前,可以先读一年的本科预科课程。学生可以根据自己的兴趣爱好选出大概的预科方向,如商科类、人文社会科学类、自然科学类、工程技术类、艺术类等。学生就读一段时间并对该学科有一定的了解后,进入本科阶段可以选择细分的科目。例如,读商科预科的学生在就读本科的时候可以进一步选择金融、会计、酒店管理、市场营销、人力资源管理等专业。这样的体验和试读可以避免因选错专业而造成遗憾。

1.3 第三方评估

有些学生并不清楚自己将来想做什么,对自己的特长和兴趣爱好也不是很明确。这时候可以采用第三方评估的方法,既可以找周围的亲友或专业人士咨询,也可以利用一些专业的职业测评工具。

首先可以选择向亲友咨询,因为他们是最了解你性格特点的人,可以让他们就适合你的专业和职业提出一些建议;也可以提出自己的想法,让他们来评价一下是不是切合实际;还可以向正在就读意向专业的学长、学姐们了解一下具体情况,比如说,该专业都学习哪些内容,课业负担如何,自己是否能承受等;除此之外,还可以向一些从业人员了解一下这个行业的工作是什么样子的,适不适合自己,是不是自己想要的工作和生活方式等。选择专业前有机会在自己感兴趣的领域实习会更好地帮助学生选择未来的专业。

如果学生想用专业的测评方式来明确自己的目标，建议使用目前国际上比较通用和流行的职业测评工具，如 MBTI 职业性格测试、霍兰德职业兴趣测试。这两款是一些大公司在录取人才时常用的人力测评工具，也可以为学生和员工未来的职业选择提供参考。关于这两款测评工具，目前网络上有很多版本，学生可以抽出一小段时间来测试一下，作为自己职业选择的参考。本书附录中也介绍了这两款职业测评工具，感兴趣的学生可以阅读和测试一下。

2. 热门留学专业介绍

学生和家长在选择留学专业的时候，要对当前热门留学专业有一定的了解，因为这将影响申请院校的竞争激烈程度，也关系到学生将来的就业情况。通常，国际学生申请比较多的专业竞争就会比较激烈，比如有些名校的商学院，中国学生申请得太多，而学校为保持国际学生的多样性、避免单一国籍学生比重太大，会提前截止中国学生的申请。同一学科的"海归"数量过多，也会对学生的就业造成影响，如果你的竞争者都是"海归"，那么你的海外学历就体现不出竞争优势了。

为了让大家了解国际学生的专业选择，笔者在英国国际学生统计局（UKCISA）的网站上找到了国际学生专业选择的官方统计表（详见表4）。从学习人数上来说，国际学生选择的热门科目前三名是商科、工程和社会科学，此外，艺术设计、语言类和计算机科学的学生数量也比较庞大。按照国际学生的比重来说，商学院的比重最大，其次是工程和技术学院；其他国际学生比重比较大的专业包括：法律、建筑设计与城镇规划、传媒、数学、教育等。学生可以根据自己的意向专业仔细研究表 3.1.2。

表4 按照学科统计的国际学生数量

序号	学科	本科	硕士	合计
1	Business and Management（商业与管理）	73,085	85,205	158,290
2	Engineering and Technology（工程与技术）	32,480	27,715	60,195
3	Social Sciences（社会科学）	26,715	21,615	48,330
4	Computing（计算机科学）	19,800	24,445	44,245
5	Design, Creative and Performance Arts（表演、艺术与设计）	25,005	12,095	37,100
6	Subjects Allied to Medicine（医学相关）	15,830	10,920	26,750
7	Law（法律）	14,570	8,535	13,105
8	Biological and Sports Sciences（生命与运动科学）	10,285	5,585	15,875
9	Architecture, Building and Planning（建筑与规划）	6,430	8,035	14,465
10	Psychology（心理学）	9,850	4,375	14,180
11	Mathematical Sciences（数学）	8,425	5,755	14,180
12	Language and Area Studies（语言学与区域研究）	8,105	5,955	14,060
13	Media, Journalism, and Communications（新闻与传媒）	6,820	6,210	13,025
14	Physical Sciences（物理学）	7,660	5,185	12,845
15	Medicine and Dentistry（医学与牙医）	7,345	4,580	11,925
16	Education and Teaching（教育学）	1,840	8,975	10,815
17	Historical, Philosophical, and Religious Studies（历史、哲学和宗教学习）	5,750	4,425	10,180
18	Geography, Earth and Environmental Studies (Nature Sciences)（地理与自然环境科学）	2,340	2,715	5,055
19	Agriculture, Food, and Related Studies（食品与农业科学）	1,180	1,455	2,630
20	Combined and General Studies（综合学科）	1,560	895	2,455
21	Geography, Earth and Environmental Studies (Social Sciences)（地理与人文环境科学）	730	1,320	2,050
22	Veterinary Sciences（兽医）	1,650	155	1,805

来源：HESA

在了解完热门专业后，学生和家长需要进一步了解感兴趣的专业，比如课程内容、课程结构、未来就业领域、发展方向等。那么如何了解相关信息呢？最可靠的办法是到学校的官方网站上去查询；也可以到 QS 的网站上去查询各个专业的介绍（http://www.topuniversities.com/courses）；英文不太好的家长可以到中国教育在线的官网（http://zhuanye.eol.cn）上查看相关信息，虽然该网站主要指导的是如何填报高考志愿，但对留学专业的选择也有一些参考作用。

3. 就业形势与收入

本节前两部分介绍了留学专业可以根据自己的兴趣爱好、热门专业和未来职业规划进行选择。学生和家长在选择专业的时候，还可以参考一下不同专业目前和未来 5~10 年的就业形势与收入。接下来，为学生和家长分别介绍中国和英国的一些就业参考数据，希望对大家的专业选择有所帮助。

3.1 中国的就业收入与形势

据教育部数据统计，多数留学英国的学生都会选择回国就业，所以国内的就业形势以及收入数据是比较重要的参考指标。教育部留学服务中心每年都会发布《中国留学生回国就业蓝皮书》，公布海外留学生的回国就业情况，因此学生和家长可以用作参考。此外，麦可思数据每年也会对大学生的就业情况进行统计，本书的附赠手册（电子版）中列出了在中国取得本科学历的不同专业毕业生的就业去向和起薪情况。虽然麦可思数据是针对中国本土学生的调查，但是对"海归"们也有参考价值。

从麦可思的调查结果可以看出，学生毕业半年后就业率比较高的专业包括：机械工程类、能源电气类、医学护理类、交通运输类和电子商务类，而就业率相对较低的专业包括：法律、心理学、艺术和音乐舞蹈类。随着数字经济的快速发展以及制造业数字化、智能化升级的深入，计算机类、电子信息类、自动化类、仪器类、管理科学与工程类毕业生起薪优势明显。教育类、美术类和历史类学科起薪相对较低。

3.2 英国的就业收入与形势

少部分学生有机会留在海外工作，那些考虑毕业后在国外工作的学生可以参考 Graduates Job（毕业生工作）或 HESA（英国高等教育统计局）的统计数据。本书附赠手册（电子版）中的《英国毕业生起薪收入统计》列出了不同专业学生毕业 6 个月后的薪资情况。从数据中可以看出，医学专业的学生毕业后起薪最高，其次是工程类专业，毕业起薪最低的是艺术类相关专业。中国学生比较感兴趣的商科、金融和会计专业位居中游。以上数据只统计了毕业生的起薪，而毕业后 3~5 年的收入也不容轻视，有些专业虽然起薪比较低，但是增长后劲比较足。

想要进一步研究就业形势的学生和家长，可以查看附赠手册（电子版）中 HESA 对不同专业的毕业生毕业后的去向和就业类型的统计。从表 3.1.3.B.2 中可以看出：1. 医学和护理等专业学生毕业后 90% 以上都从事跟本专业相关的工作，不到 5% 的学生会选择继续进修，未就业率在 3% 以下；2. 工程、计算机、建筑设计、药学等专业性比较强的学科，60% 以上的毕业生的工作跟本专业相关，且未就业率比较低；3. 法律专业的表现不尽如人意，33% 的学生从事跟本科专业相关的工作，34% 的学生选择继续进修，而该专业的未就业率高达 8%；4. 从统计中还可以看出，未就业率比较高的专业是人文社会学科，比如哲学、历史、创意写作、中东或东亚研究等。

综上所述，留学专业的选择既可以根据未来的职业方向，也可以根据个人的兴趣爱好进行选择。那些不太明确自己未来的学生可以请亲戚、朋友或专业人士来提供一些建议，必要的时候还可以使用职业测评工具，当然也可以结合目前的热门专业和未来职业发展趋势来做选择。总之，留学专业的选择与未来 5~10 年的发展方向息息相关，因此，建议学生选择自己喜欢的和适合自己的专业，如此才能在未来的学习和职场中发挥出自己的优势并取得好成绩。

第二节 如何选择英国院校？

> 学生来英国读书前，一项重要的抉择就是到哪所院校去读书，而这需要学生花费大量的时间去做研究。院校的选择与学生未来的学习、就业和前程息息相关。笔者查找了大量的相关资料并结合多年的留学咨询行业经验，总结出了一些选择留学院校时需要考虑的因素，如院校知名度、优势学科、留学费用、留学城市等，希望对学生和家长们有所帮助。

1. 院校知名度

院校的知名度是中国学生选择英国院校时需要考虑的一项非常重要的因素，因为学生和家长都认为院校的知名度将关系到学生将来的就业。牛津、剑桥这样的学校在中国可谓家喻户晓，但是只有极少数的佼佼者才能进入这样的顶级学府。各类英国院校在中国出名的原因各不相同，除了学术成就和口碑因素之外，还有其他因素，如：曼彻斯特大学出名是因为进入中国比较早，市场推广做得比较好；诺丁汉大学出名是因为其在宁波有分校；还有一些以城市或城市球队命名的学校在中国会比较知名，如谢菲尔德大学、纽卡斯尔大学、利物浦大学等。

国内知名度较高的英国院校聚集着大量的中国学生，某些院校的热门研究生专业甚至出现了近半数都是中国学生的情况。如果你更喜欢多文化（Multi-culture）的环境，可以考虑一些目前在中国名气不是特别大，但确实是优质的院校。例如，克兰菲尔德大学(Cranfield University)之前并不为中国学生所熟知，可是它的商学院是英国为数不多的同时获得 AMBA、AACSB 和 EQUIS 三大机构认证的学院之一，学校还有自己的飞机场。在英国还有很多这样的好学校，学生可以慢慢发掘。在选择英国院校时，知名度并不是唯一的择校标准，还有许多其他因素需要考虑。

2. 教学与科研能力

教学与科研能力也是选择英国院校的一项重要指标,有些院校是以教学为主的,有些院校是以科研为主的(比如罗素联盟旗下的大学),还有些院校教学与科研并重。学生在选择本科院校的时候需要关注学校的教学能力,主要的参考指标是 TQA(教学质量评估);学生在选择研究生院校的时候需要关注学校的科研能力,如学校在 REF(研究卓越框架,Research Excellence Framework 的简称),即英国高校科研评价体系中的各项得分。

对于多数国际学生和家长来说,最容易的研究方式就是查看英国大学的排名。比较常见的英国大学的排名包括:《泰晤士报》排名、《卫报》排名和《完全大学指南》排名。如果学生想了解英国大学在全球范围内的排名,可以查看 QS(世界大学排名)。这些排名并非由官方提供,而是不同机构根据学校的科研能力、学术能力、学生入学标准、学生满意度、毕业后的就业情况等指标进行打分,按照综合得分排出的名次。由于每个排名的侧重点和评分标准不同,所以你会看到不同的院校排名结果可能差异很大,比如:有的学校在《泰晤士报》上排名很低,但是在《卫报》上排名却很高。总之,排名只是选择英国院校的一个参考指标,大家要辩证地看待这些排名。

主要的英国院校排名榜单:

- *The Times*(《泰晤士报》排名)
- *The Complete University Guide* (《完全大学指南》排名)
- *The Guardian* (《卫报》排名)
- QS World University Ranking (QS 世界大学排名)

3. 优势学科

学生在选择院校的时候,除了要考虑学校的综合实力,还要考虑该院校的优势学科,因为这与学生将来的就业和能否学到真本事息息相关。除此以外,还要参考学校的综合排名和学校的专业排名，想进一步了解的学生可以查看学校在英国高校科研评价体系中的评分结果。有些学校虽然综合排名很高，但并不擅长所有的学科。有些学校虽然综合排名不高，但是某些专业却具有世界领先水平，比如：威斯敏斯特大学的传媒专业、牛津布鲁克斯大学的酒店管理专业、谢菲尔德哈拉姆大学的珠宝设计专业、考文垂大学的汽车工程专业等。学生可以先确定好自己想读的专业，然后再选择院校。

英国高校科研评价体系是由4家英国高等教育基金会根据英国高等教育机构的科研水平所制定的，每五年评估一次，参加评估的院校和专业会获得1星到4星不等的分数：4* 为 World Leading（世界领先）；3* 为 Internationally Excellent（国际优秀）；2* 为 Internationally Recognized（国际认可）；1* 为 Nationally Recognized（国家认可）。评估结果是英国政府向大学拨款的主要依据，院校和学科得到的星级越高，学校可以获得的政府拨款就越多。对于普通学生来说，英国高校科研评价体系也可以作为院校选择的参考，某学科取得的星级越高，说明学校在该学科上的科研水平就越高、师资力量就越雄厚。

4. 就业前景

学校的就业率和毕业生的就业去向也是选择英国院校的重要因素。留学是一项重要的教育投资，读书的目的之一就是将来能够找到好的工作。表5列出了最受英国顶级企业青睐的25所英国大学，虽然这些数据统计主要是用于指导在英国找工作的学生，但也能给择校的学生提供参考。从这些统计中不难看出，名校毕业生更能得到知名雇主的青睐。

表5 最受知名雇主欢迎的英国大学

序号	学校名称	泰晤士报排名	序号	学校名称	泰晤士报排名
1	University of Manchester（曼彻斯特大学）	24	11	University of Oxford（牛津大学）	1
2	University of Nottingham（诺丁汉大学）	30	12	King's College, London（伦敦大学国王学院）	26
3	University of Birmingham（伯明翰大学）	20	13	London School of Exeter（埃克塞特大学）	13
4	University of Bristol（布里斯托大学）	15	14	London School of Economics and Political Science（伦敦政治经济学院）	4
5	University of Warwick（华威大学）	9	15	University of Edinburgh（爱丁堡大学）	10
6	University of Leeds（利兹大学）	23	16	University of Bath（巴斯大学）	8
7	London University College（伦敦大学学院）	7	17	Imperial College, London（帝国理工学院）	5
8	University of Cambridge（剑桥大学）	3	18	Queen Mary University, London（伦敦大学玛丽女王学院）	36
9	University of Durham（杜伦大学）	6	19	London School of Sheffield（谢菲尔德大学）	21
10	University of Southampton（南安普顿大学）	16	20	London School of Glasgow（格拉斯哥大学）	14

来源：The Graduate Market（毕业生就业市场报告）

英国很多学校开设"三明治"课程或带有实习机会的课程，为学生在就读期间提供长度不等的实习工作机会（关于"三明治"课程的详细内容，详见本书2.2中的介绍）。统计表明，有工作或实习经验的学生，毕业后更容易找到工作，尤其是一些大公司，他们更愿意招聘之前在自己公司实习过的学生。还有些学校与企业界有很好的合作，与企业联合做一些研发项目，如果学生在这样的院校和专业里学习并参与项目，毕业后就更容易得到企业的工作机会。

5. 留学费用

根据留学费用选择院校也是一种方法，毕竟留学是一项重要的教育投资，需要考虑性价比以及将来的投资回报率。在英国读大学每年整体花费在25,000~35,000英镑，根据英国大使馆提供的数据，伦敦地区需要1,265英镑/月的生活费，非伦敦地区需要1,015英镑/月的生活费。而学费是12,000~25,000英镑/年，一般排名越高的院校收费就越高，像伦敦大学学院、伦敦政经学院、帝国理工学院这样的顶级英国院校，学费都在每年20,000英镑以上；而像格林威治大学、赫特福德大学这种排名比较低的院校，学费在每年12,000英镑左右。

学生和家长可以根据自己的预算来选择留学院校，排名高的学校学费会比较贵，大城市的生活成本也会比较高。如果预算有限，可以选择非伦敦地区的好学校，如约克大学、杜伦大学、巴斯大学、布里斯托大学等。一些优秀的学生还可以尝试申请奖学金，虽然英国院校的奖学金不像美国院校的那样数额巨大，但是很多学校都有提供2,000~3,000英镑奖学金的名额，少数学校还会为一些学科提供5,000~10,000英镑不等的奖学金，读理工科博士的学生甚至可以申请全额奖学金，关于奖学金的具体信息可以到英国大使馆文化教育处网站或者学校的官方网站进行搜索。

6. 留学城市

留学城市也是选择留学院校的主要参考因素之一。英国分为英格兰、苏格兰、威尔士和北爱尔兰四个地区，每个地区都有自己的风俗文化，苏格兰甚至可以发行自己的货币。从城市规模来看，既有像伦敦这样的国际大都市，也有像约克、剑桥那样的小镇。那么问题来了，去什么样的城市留学比较好呢？其实各有利弊，在大城市留学，能够提高格局和见识，实习和工作的机会也比较多，缺点是生

活成本较高；而在小城市或小镇留学，相对更安全，而且生活成本较低，很多地方步行就可以抵达，降低了交通成本，劣势是工作和实习的机会相对较少。

学生在选择留学城市的时候，也要结合自己的专业。建议学金融和艺术的学生去伦敦，因为伦敦是英国的金融中心，也是世界的金融中心之一，很多金融机构的总部都设在伦敦；同时，伦敦也是英国艺术文化的中心，整个城市遍布大大小小的博物馆、剧院和画廊，几乎每个周末都有各种艺术活动和展览；学工程的学生可以考虑去谢菲尔德、纽卡斯尔和伯明翰这样的工业城市，因为那边有更强的工业产业基础和更多的实习机会；学海商法、航运、物流等专业的学生，可以考虑去利物浦、布里斯托、南安普顿和卡迪夫这样的港口城市。建议学生在对留学城市有进一步的了解之后，再选择留学院校。

7. 国际学生比例

通常越是世界知名的、声誉越高的学校国际化的程度就越高，这也就意味着国际学生所占的比重越大。学生可以参考英国国际学生统计局（UKCISA）的统计数据，表6中列出了国际学生人数最多的20所英国院校，很多学校都是大家耳熟能详的。如果学校里国际学生的比例较高，那么学生可以在一个多元文化的环境下学习和生活，可以结交各国朋友，体验各国文化。而且学校对服务国际学生会更有经验，使学生能够更好地适应海外的学习和生活；而在国际学生比例较低的学校里，学校更具有本土特色，有助于学生结交当地的朋友，锻炼出一口地道的英文。为避免出现某一国家学生数量过多的情况，很多英国院校会对各国学生的招生比例设置一定的规定。中国作为目前世界上最大的留学输出国，学生无论走到哪里都会遇到好多同胞。有些中国学生可能不喜欢去同胞较多的学校，但其实语言环境是可以创造和选择的，在同胞较多的学校也可以结交外国朋友，体验文化差异。

表6 国际学生数量最多的前20所英国大学

Name of Institution 学校名称	PG Research 研究型研究生数量	PG Taught 授课型研究生数量	Undergraduate 本科生数量	Total 国际学生总数
University College London（伦敦大学学院）	2,295	5,510	7,925	15,730
University of Manchester（曼彻斯特大学）	1,745	4,415	7,345	13,505
University of Edinburgh（爱丁堡大学）	1,805	3,745	5,940	11,490
Coventry University（考文垂大学）	215	3,060	7,425	10,700
Kings College London（伦敦大学国王学院）	945	3,775	5,275	9,995
Imperial College（帝国理工学院）	2,100	2,545	4,250	8,895
University of the Arts London（伦敦艺术大学）	55	1,995	6,505	8,555
University of Warwick（华威大学）	780	3,455	4,220	8,455
University of Oxford（牛津大学）	2,785	3,130	2,340	8,255
University of Glasgow（格拉斯哥大学）	970	3,175	4,090	8,235
University of Sheffield（谢菲尔德大学）	1,270	2,930	4,025	8,225
University of Birmingham（伯明翰大学）	1,045	3,610	3,550	8,205

（续表）

Name of Institution 学校名称	PG Research 研究型研究生数量	PG Taught 授课型研究生数量	Undergraduate 本科生数量	Total 国际学生总数
London School of Economics and Political Science（伦敦政经学院）	355	4,750	2,435	7,540
University of Leeds（利兹大学）	1,065	3,425	3,040	7,530
Cardiff University（卡迪夫大学）	655	2,780	4,090	7,525
City University of London（伦敦城市大学）	225	4,250	3,030	7,525
University of Liverpool（利物浦大学）	845	1,350	5,295	7,490
University of Nottingham（诺丁汉大学）	1,375	1,910	3,990	7,275
University of Southampton（南安普顿大学）	1,130	2,895	3,090	7,115
University of Cambridge（剑桥大学）	2,815	1,290	2,645	6,750

数据来源：HESA

总之，选择留学院校需要综合考虑院校口碑、专业优势、留学费用和城市等各项因素。院校选择不可能各项兼顾，鱼和熊掌很难兼得。学生和家长可以列出一项或两项最看重的因素，从中选出最理想的院校。同时学生还要考虑自己的实际情况，如个人学习能力、将来的就业打算、自己是喜欢从事科研工作还是实践工作、喜欢的学校类型，综合考虑以上因素后选择适合的院校。切忌好高骛远，以免最后因没有找到适合自己的院校而耽误前程。

延伸阅读：英国大学按成立时间分类

英国大学按照成立时间可以分为古典大学（Ancient Universities）、红砖大学（Red Brick Universities）、玻璃砖大学（Plate Glass Universities）和新大学（New Universities），下面就分别进行介绍。

1. 古典大学（Ancient Universities）

英国的古典大学指的是 17 世纪之前成立的那些大学。其中最古老的英国大学是牛津大学，也是世界上最古老的大学之一，其历史可以追溯到 1096 年。在英国的 6 所古典大学中，2 所是英格兰的大学，4 所是苏格兰的大学。其中圣安德鲁斯大学是威廉王子和凯特王妃的母校。最初的大学以宗教活动为主，而今天的英国古典大学集聚了强大的师资和科研力量，这些大学已经成为英国历史最悠久、地位最稳固、享有声望最高的大学。

University of Oxford—England—1096
University of Cambridge—England—1209
University of St Andrews—Scotland—1413
University of Glasgow—Scotland—1451
University of Aberdeen—Scotland—1593
University of Edinburgh—Scotland—1887

2. 红砖大学（Red Brick Universities）

红砖大学成立于 19 世纪工业革命时期和英国的维多利亚时代，成立的主要原因是满足工业革命时期对人才的需求。这个时期，英国高等教育开始普及，学术的自由化、工业化使得社会对技术人士、科学家、管理人才、教师的需求增加，因此这些大学应运而生。它们主要坐落于英格兰的重要工业城市，如伯明翰、谢菲尔德、曼彻斯特等。院校的建筑也多为红砖砌成，因此得名"红砖大学"。

第一批建立的红砖大学：

University of Birmingham—1900
University of Manchester—1904
University of Liverpool—1903

University of Leeds—1904
University of Sheffield—1905
University of Bristol—1909

第二批建立的红砖大学：

University of Reading—1926
University of Nottingham—1948
University of Southampton—1952
University of Hull—1954
University of Exeter—1955
University of Leicester—1957

3. 玻璃砖大学（Plate Glass Universities）

玻璃砖大学是20世纪60年代教育开启新一轮扩张时所兴建的。这些院校是由当时的高等技术学院转化而成的科技大学，主要是为了满足二战后人们学习深造及培训的需要。从这个时期开始，学校教育由传统的教育模式走向现代化模式，从精英化走向大众化，不论是在教学的多样性上还是管理制度的改革上都突出了新时代大学的特色。该类院校多以比较现代的玻璃和钢铁为主要建筑材料，因此被命名为"玻璃砖大学"。

University of Sussex—1961
Keele University—1962
University of East Anglia—1963
University of York—1963
Newcastle University—1963
Lancaster University—1964
University of Strathclyde—1964
University of Kent—1965
University of Essex—1965
University of Warwick—1965
Loughborough University—1966
Aston University—1966

Brunel University—1966
University of Surrey—1966
University of Bath—1966
University of Bradford—1966
City University，London—1966
Heriot-Watt University—1966
University of Salford—1967
University of Dundee—1967
University of Stirling—1967
Royal College of Art—1967
Cranfield University—1969

4. 新大学（New Universities）

新大学也被称为"1992年后的大学"，这些大学都是在英国高等教育进行第三次扩张的90年代初建立的。新大学较"玻璃砖大学"的教育理念更为现代化，课程设置也更接近当今社会。几乎每所大学都有至少两个校区，一个是原址，另外一个是新校区。这些大学既新潮现代又保留着传统教学的特点，整体上更偏向授课式的教学。

第一批建立的大学：

University of Central Lancashire—1992

De Montfort University—1992

Coventry University—1992

University of Derby—1992

University of East London—1992

University of Glamorgan—1992

University of Greenwich—1992

University of Hertfordshire—1992

University of Huddersfield—1992

Kingston University—1992

Leeds Beckett University—1992

University of Lincoln—1992

Liverpool John Moores University—1992

London South Bank University—1992

Manchester Metropolitan University—1992

Middlesex University—1992

Northumbria University—1992

Nottingham Trent University—1992

Oxford Brookes University—1992

University of the West of Scotland—1992

University of Plymouth—1992

University of Portsmouth—1992

The Robert Gordon University—1992

Sheffield Hallam University—1992

Staffordshire University—1992

University of Sunderland—1992

Teesside University— 1992

University of West London—1992

University of Westminster—1992

University of the West of England—1992

University of Wolverhampton—1992

Glasgow Caledonian University—1993

University of Abertay Dundee—1994

第二轮建立的新大学：

Southampton Solent University—2005

University of Worcester—2005

University of Northampton—2005

University of Bedfordshire—2006

Edge Hill University—2006

York St John University—2006

Queen Margaret University—2007

Buckinghamshire New University—2007

University Campus Suffolk—2007

University of Cumbria—2007

Aberystwyth University—200

Bangor University—2007

Swansea University—2007

Trinity University College—2007

Cardiff Metropolitan University—2007

Swansea Metropolitan University—2008

Glyndwr University—2008

University of Wales, Trinity Saint David—2010

University of the Highlands and Islands—2011

Norwich University of the Arts—2013

Newman University, Birmingham—2013

BPP University—2013

  学生可以按照以上的大学分类来查看自己心仪的大学属于哪个类型。总体来说，古典大学成立的时间比较早，在世界上都很有声望；红砖大学中绝大多数都是科研型大学，积聚了世界一流的教学力量和科研力量；玻璃砖大学和新大学开设了很多新兴专业，满足了新时代教学的需要。学生可以根据自己的需求选择适合自己的大学。

延伸阅读：罗素大学联盟介绍

罗素集团（The Russell Group，又称罗素大学联盟）成立于1994年，由英国24所优秀大学组成，被称为英国的"常春藤联盟"，代表着英国最顶尖大学的集合。牛津大学、剑桥大学和伦敦大学学院这三所英国的"金三角"名校也是罗素集团的成员。与美国的"常春藤联盟"不同的是，它们都是由国家资助的公立大学。这些大学得到的研究和赞助资金占英国所有大学的三分之二。

罗素集团是因这24所大学的校长每年春季固定在伦敦罗素广场旁的罗素饭店举行经费研究会议而得名。罗素集团成立的目的是为成员大学的研究提供集中管理并给出战略方向，重点在于提升研究水平、增加学校收入、招收最优秀的教职员与学生、降低政府干预及加强大学合作等。

辉煌成就：

罗素集团成员每年共囊括全英大学65%以上的科研经费和赞助资金。雄厚的科研实力使其成为全世界产生诺贝尔奖得主最多的大学联盟。

拥有近300名诺贝尔奖得主：有近300名诺贝尔奖得主出自罗素集团的成员大学，其中仅剑桥大学、牛津大学和伦敦大学学院就产生了188名诺贝尔奖得主。

带来253亿英镑的经济产出、提供23.7万个工作机会：罗素集团成员大学也活跃于英国本土和国际的企业界，并不断地扩大影响力，每年给英国带来了总额253亿英镑的经济产出，提供了23.7万个工作机会。

汇聚全英2/3的研究经费：英格兰高等教育拨款委员会的研究经费排名（不包括苏格兰和威尔士在内）前15名都是该集团的成员。罗素集团成员大学得到了由投资机构提供的占总数66%的研究资金。其中，剑桥大学、牛津大学和伦敦大学学院共拿下超过40%的研究经费。

创造全英60%以上世界一流水平的研究：英国大学科研水平评估显示，虽然罗素集团成员大学只占英国高等教育机构总数的12%，但是它们却创造了全英60%以上世界一流水平的研究成果。其颁发的博士学位占英国所有大学的

58%，超过 30% 的非欧盟国际学生就读于罗素集团成员大学。

罗素集团联盟成员：

伯明翰大学 University of Birmingham
布里斯托大学 University of Bristol
剑桥大学 University of Cambridge
卡迪夫大学 Cardiff University
爱丁堡大学 University of Edinburgh
格拉斯哥大学 University of Glasgow
帝国理工学院 Imperial College London
伦敦国王学院 King's College London
伦敦大学学院 University College London
利兹大学 University of Leeds
利物浦大学 University of Liverpool
伦敦政经学院 London School of Economics and Political Science
曼彻斯特大学 University of Manchester
纽卡斯尔大学 Newcastle University
诺丁汉大学 University of Nottingham
贝尔法斯特女王大学 Queen's University Belfast
牛津大学 University of Oxford
谢菲尔德大学 University of Sheffield
南安普敦大学 University of Southampton
华威大学 University of Warwick
杜伦大学 Durham University
埃克赛特大学 University of Exeter
伦敦玛丽女王大学 Queen Mary University of London
约克大学 University of York

罗素集团每所院校的入学标准均十分严格，因其雄厚的师资力量、一流的教学水平以及浓厚的学术氛围，每年都吸引着来自世界各地的莘莘学子。更多关于罗素联盟的信息请查看联盟主页：http://www.russellgroup.ac.uk/。

第三节 如何选择英国中学？

学生和家长在选择中学的时候应该问自己这样几个问题：
1. 选择单一性别学校，还是混合学校？
2. 每年的预算是多少？
3. 就读公立还是私立院校？
4. 是走读还是寄宿？
5. 让孩子在什么样的城市学习？
6. 该校是否开设了学生想学的科目？
7. 该校的教学质量和考试成绩如何？

带着这样几个问题，笔者来逐一详解选择英国中学应该考虑的因素。

1. 男校／女校／混合学校

学生家长在为学生选择英国中学的时候，通常第一个出现在头脑中的想法是送孩子去单一性别学校，还是去男女混校。英国私立教育体系中最早出现的是男女分校，第一所男女混合寄宿学校直到19世纪末期才出现。其实，去混合学校还是去单一性别学校各有利弊。

支持男女分校的观点认为，男生女生分开教学能提供最适合学生的教育。脑科学研究证明，男女大脑结构有差异。男性的大脑擅于逻辑思维和空间思维，女性的大脑则擅长理解情感和语言。男性和女性在记忆方法、画面理解能力、情感处理方式上也不同。此外，就读单一性别学校有助于孩子集中注意力，更容易在主观上把主要精力放在他们喜欢的科目和课外兴趣上。事实证明，英国中学排名靠前的学校多为单一性别学校，而且进入英国顶尖名校的学生比例也相对比较高。

那么男校和女校都分别注重哪些方面的发展呢？女子寄宿学校会着重培养学生的淑女气质，除了专业文化课程之外，还会开设烹饪、手工制作、营养学、餐桌礼仪等课程，让学生掌握更多家政和社交方面的技能；学校还会定期举行下午茶会、公主派对、传统舞会等活动，把"淑女教学"渗透进学生的每一个生活环节中。而男子寄宿学校会开设一些更加侧重于培养男性领袖性格的课程，例如举办多种户外团队活动提升学生的团队协作能力，这些对学生将来的事业及人生发展都是非常重要的经历。关于运动方面，有些学校还开设了如马术、冰球、皮划艇、橄榄球等项目。

也有不少人反对单一性别学校教育，认为单一性别学校环境与客观现实不符，因为大学校园以及未来的工作环境都是男女共存；更有人提出单一性别学校的毕业生不善于与异性相处这一观点。但学生和家长们不要担心，英国的男校和女校虽然学生性别单一，但教职员的性别并不是单一的，学生在日常学习和生活中，仍能接触异性，男校和女校的学生经常一起举行联谊派对活动，以丰富生活和拓展社交圈。

2. 公立／私立

英国家长在帮学生选择中学的时候，也会权衡是把孩子送到公立还是私立学校。英国的公立中小学由政府资助，为英国学生提供免费教育，主要目的是为了普及英国的义务教育。学生不需要经过相关测试就可以直接进入学校就读，通常根据所居住区域就近入读。公立学校是大班授课，平均每个班级25~30人，为学生提供中等水平的教育，学生几乎不会被分入程度不同的班级，因为其目的是为绝大多数的适龄学生提供受教育机会。

而私立学校主要提供的是精英教育、因材施教。私立学校的毕业生升入名校的比例也特别高，据英国私立学校协会（Independent Schools Council）统计：90%以上的私立中学毕业生会进入大学继续学习，而其中75%的学生会进入精英大学。私立中学拥有更优秀的师资，提供小班授课，根据学生的学习程度分

成不同班级，保证学生的潜力得到最大限度的发挥。私立中学的入学要求相对严格，学生要进行入学测试，通常测试的是数学和英文。学费和寄宿费方面对国际学生和本国学生一视同仁，英国中产阶级家庭通常会把学生送入私立学校。

表7　英国私立学校和公立学校对比

	私立学校	公立学校
学生来源	招收各个国家学生	以本土学生为主
费用	需要支付学费和住宿费	免学费，需要支付住宿费
资金来源	慈善机构和其他资助	政府资助
学生人数	小班授课	大班授课
入学测试	需要入学测试	无需入学测试
教育方式	精英教育，因材施教	提供平均水平的教育

来源：Education UK

3. 排名和成绩

学生和家长判断英国中学教学质量和学习成果最好的办法就是查看院校排名，英国中学排名的主要依据是 A-Level 和 GCSE 的考试成绩。不同机构对英国中学进行了各种版本的排名，本书以《每日邮报》的排名为例，指导大家如何看懂英国中学排名。《每日邮报》A-Level 排名中列出了 320 所英国中学，表8只截取了其中的 18 所，完整排名详见本书附录，该排名列出了 A-Level 考试成绩、参加考试人数、学校名称和所在地。从取得 A*/A 的人数的比例可以看出学校的学术成就和教学水平，取得 A*/A 的人数越多，证明该校升入名校的比例就越大；排名上列出的学校所在地也可以为学生和家长的择校提供参考。

表8　英国《每日邮报》A-Level 成绩排名

Ranking	SCHOOL	TOWN	A-LEVEL (% A*)	A-LEVEL (% A*/A)	A-LEVEL (% A*/B)
1	St Paul's Girls' School	RANK	52.1	87.7	97.1
2	Godolphin and Latymer School	London	46	81.5	96.7
3	Brighton College	Brighton	44.2	82.5	97.2
4	King's College School, Wimbledon	Wimbledon	49.9	84.6	96.1
5	Wycombe Abbey School	High Wycombe	32.7	80.6	95.2
6	Magdalen College School	Oxford	45.5	83.9	96.1
7	Guildford High School	Guildford	42.7	79.7	94
8	St Mary's School Ascot	Ascot	41.1	79.4	94.9
9	St Paul's School	London	50.2	82.1	93.9
10	King Edward VI High School for Girls	Birmingham	36	76.9	95.5
11	Eton College	Windsor	41.5	80.2	95
12	Haberdashers' Aske's School for Girls	Elstree	30	75.1	95
13	Cardiff Sixth Form College	Cardiff	51.8	90.3	99.2
14	Westminster School	Westminster	46.7	76.2	90.7
15	City of London School	London	46.7	82.2	92.8
16	North London Collegiate School	Edgware	33.8	75	91.5
17	Concord College	Shrewsbury	41.2	84.3	97.3
18	Sevenoaks School	Sevenoaks	39.6	80.4	93.8

【更多院校排名详见附赠手册（电子版）】

各种版本的排名只列出了英国几千所私立中学中的一小部分，如果学生和家长的意向学校不在排名上应该怎么办呢？学生和家长可以到学校的官方网站上进行查询，学校都会在自己的网站上公布历年的 A-Level 或 GCSE 考试成绩。如果一所学校的学生在 A-Level 考试中取得 A*AB 成绩的比例在80％以上，那么该校肯定是英国最优秀的中学之一；如果一所学校的学生在 A-Level 考试中获得 A*AB 的成绩的比例在70％以上，那么该校必然是英国十分优秀的学校；如果学校获得 A*AB 的成绩的比例在50％～60％，那么该校在英国也是很不错

的学校。但是要注意一些学校的含糊用词。例如，该校某年"考试通过率（Passing Rate）为90％"，而没有A*AB考试成绩等其他数据，那么就意味着该学校及格率为90％，而其他成绩不明确，这样的数据无法判断学校的优劣。图2给出了伦敦某所学校的A-Level和GCSE考试成绩，学生和家长可以练习一下如何通过学校的考试成绩判断学校的优劣。

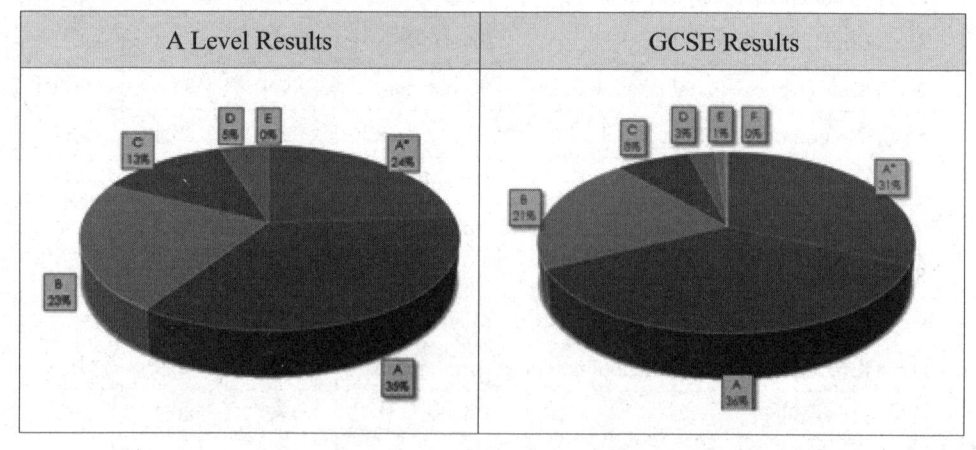

来源：Queens Gate School Website

图2　Queens Gate School A-Level和GCSE考试成绩

此外，还可以看一下毕业生去向（School Leaver's Destination），看看之前的师哥师姐们毕业后都升入哪些学校就读了，这样就可以对自己将来的发展做到心中有数了。历年毕业生去向的相关信息既可以在学校的官方网站上找到，也可以向学校直接索取。

4. 地理位置

学生如果是陪同来英国工作或投资移民的父母的，可以选择距离居住地比较近的学校，这样就可以选择走读，既节省费用又可以有更多的时间与父母相处。如果学生和家长想选择就近的学校可以在英国私立学校协会网站（Independent Schools Council）（http://www.isc.co.uk）或《好学校指南》（The Good Schools Guide）手册或网站（http://www.goodschoolsguide.co.uk）上查询，只要输入居住地的邮编（Postcode）就可以查找周围学校了。

如果学生是单独来英国读书，并且不需要投靠亲友，那么就可以在全英范围内选择学校。学生既可以选择位于市区的学校，也可以选择位于郊区的学校。位于市区的学校通常校园的面积不会太大，学生在校内的活动范围会比较有限，但是在校外会有广阔的活动空间。而坐落在郊区的学校，校园面积更大，学生可以开展更丰富的课余活动，环境相对封闭会更加安全一些。

5. 学校费用

家长送学生来英国之前要做一个大体的预算，看一下家庭年收入中有多少可以用于学生的教育支出，从而根据预算来选择家庭可以承担的学校。通常私立寄宿学校的费用是 8,000~12,000 英镑/学期，每年有 3 个学期，总体花费每年 25 万~40 万元人民币。如果选择走读，每学期可以节省 2,000~4,000 英镑的费用。英国寄宿学校的费用包含学费、食宿费、洗衣费等；费用不含校服、书本、校外活动和旅行。如果学生想上一些额外的课程也是要另收费的，如一对一的音乐辅导课、马术课程等。每个学校的具体收费项目需要家长与学校确认好。同时家长也需要给学生准备小数额的零花钱，通常学费每年会有 5% 的增长，所以家长要充分做好预算。

英国寄宿学校也会为优秀学生提供奖学金，如 GCSE 考试中成绩优异的学生在申请 A-Level 的时候就可以申请到奖学金，如在音乐、艺术或体育方面有特长的学生也可以申请奖学金。对于那些表现特别优秀的学生，有时候甚至可以获得半额甚至全额奖学金，具体的奖学金金额和评定办法可以从学校获取详细信息。

6. 课程设置

GCSE 和 A-Level 科目选择众多，每个学校不可能开设全部科目，学校通常会根据自己的师资力量开设部分科目。学生在选择英国院校的时候，要查看一下目标院校有没有开设自己要就读的科目。一些通用科目是所有院校都开设的，但是有些音乐和艺术科目不是所有院校都开设的，如戏剧、表演艺术、平

面设计等。学生和家长可以去学校的官方网站上查询，也可以利用 Ofqual 的网站（http://register.ofqual.gov.uk）查询经其认证的学校所开设的科目。关于如何选择 A-Level 和 GCSE 科目，请学生和家长阅读第八章第二小节。

7. 国际学生比例

国际学生比例也是学生和家长应该参考的一项指标之一，这关系到学生的学习和生活环境。中国是目前世界上最大的留学输出国，中国学生遍及世界的各个角落。如果有太多中国学生集中在同一所学校里，则不利于学生融入当地文化、提高英文水平。如果没有几个中国学生在同一所学校就读，则不利于学生排解思乡情绪以及与人倾诉刚到异国他乡的种种不适。所以学生和家长选择有适当比例国际学生的学校会比较好。学生和家长在查看国际学生数量的时候，也要看这些学生主要来自哪些国家。这些信息都会在学校的网站上找到，或者可以咨询学校的招生官员。

总之，学生和家长在选择英国中学的时候，要综合考虑留学城市、留学费用、学校排名、学校课程设置等因素，还要结合学生的个人特点，比如学生的学习能力、生活能力、特长和兴趣爱好等。学生和家长要尽量收集学校的详细信息，听取广泛意见后最终决定申请哪些院校。如果学生和家长已经选好意向学校的话，请阅读第四章第一节英国中学申请。

第四章
院校申请

本章导读

相信通过前几章的介绍和指导,学生和家长们已经制订好留学计划、选择好了留学的院校和专业,开始着手准备申请英国院校了。本章将根据学生在不同阶段的需求,向其介绍如何申请英国的寄宿学校、预科、本科、硕士,甚至是博士,以及申请材料的准备、申请的最佳时间、申请流程和申请方式等内容。其中也会穿插一些学哥、学姐的经验分享供大家阅读。

第一节 英国中学申请

> 虽然本节的标题是英国中学申请，但是介绍的内容涵盖英国小学、初中和高中的申请。在申请英国院校的学生群体中，少数学生持有家属签证并与在英国的家长一起居住，所以不涉及签证和住宿的问题，这些学生可以在公立和私立，走读和寄宿学校中自由选择。而绝大多数国际学生是需要学校解决住宿和签证问题的，所以他们申请的都是寄宿学校（Boarding School），这将是本节介绍的重点。

1. 申请流程

申请寄宿中学最重要的一个环节是选择学校，需要结合学生的个人特点、院校特点和录取要求进行综合判断，关于具体如何选择英国的寄宿中学，请学生和家长参看本书的"3.3 如何选择英国中学"部分。其实，最理想的状态是学生在申请之前亲自去学校参观一下，但是这对绝大多数目前在中国的学生来说是难以实现的，所以就要向学校索取大量的相关资料，以确保选择到的学校是最适合自己的。图 3 展示了英国寄宿学校的申请流程。

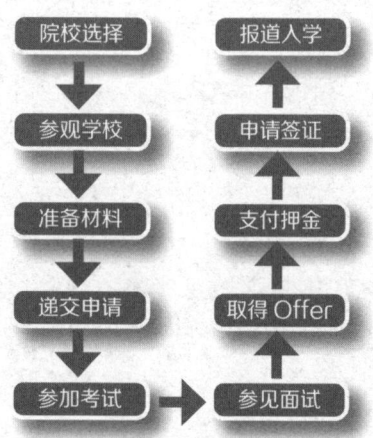

院校选择 → 参观学校 → 准备材料 → 递交申请 → 参加考试 → 参见面试 → 取得 Offer → 支付押金 → 申请签证 → 报道入学

图 3　英国寄宿学校申请流程

学生在选择好心仪院校后，就可以向学校递交申请了。学生要准备好"4.1.2 申请材料"中陈述的申请材料并向学校递交申请表。英国寄宿学校的申请材料比本科和硕士的申请材料简单很多，除了成绩单外，学生要亲自撰写字数不等的个人陈述（Personal Statement），关于个人陈述在"4.1.2 申请材料"中会做介绍。申请表有可能需要在线填写，也可能需要下载表格，然后再给学校发电子邮件，申请表都可以在学校的网站上找到或通过邮件向学校索取。此外，每所学校需要收取 100~300 英镑不等的申请费，所以学生最好仔细斟酌以后再选择申请哪几所学校。

递交申请过后，初步符合标准的学生会接到学校的面试和入学考试通知。如果学生不在英国，面试可以采用 Skype 或电话的方式；而笔试可以在学校指定的机构进行，如：英国大使馆文化教育处、学校驻中国办公室、学校在中国的代理机构等。考试内容通常为数学和英文，学生如果不清楚考试类型和难度的话，可以向学校索取之前的考试样题（Sample Paper）来了解考试并做好准备。

学生考试通过后，学校会给学生发放录取通知书。如果学生确认要进入该寄宿学校的话，就要支付一定比例的学费押金来占位（学生入学后，该押金可以抵消部分学费）。当学生拿到学校的签证函后，就可以准备签证来英国就读了。

2. 申请材料

英国寄宿中学的申请材料比较简单，主要是：护照（为了确定学生的出生日期，看看学生的年龄是否满足入学要求）、成绩单和老师推荐信（用来判断学生之前的学术表现和学习能力）、个人陈述（对学生的特点、兴趣爱好和学习动机进行基本了解，并初步判定学生的英文水平，个人陈述的字数在 200~500 字不等，根据学生申请的阶段和年级会有所不同）。有些在音乐、艺术、体育等方面有特长的学生，也可以递交相关证明，如：绘画作品、录制的唱片、获奖证明等。很多学校还为有艺术和体育特长的学生提供单独的奖学金，可见，无论在何时，有一技之长都十分重要。

英国寄宿学校申请材料

1. 护照
2. 成绩单和在校证明
3. 个人陈述
4. 老师推荐信
5. 其他证明等

3. 申请时间

关于寄宿学校的申请时间，"It is never too early to start！（再早一点申请也不为过！）"通常要提前一年申请学校，有些顶级的寄宿学校要提前2~3年申请，更有一些贵族寄宿学校孩子刚一出生就要注册排期。所以申请寄宿学校的学生和家长要提早做准备。笔者以常见的需要提前一年申请的寄宿学校为例，如学生打算在下一年9月入读寄宿学校，那么当年9月份就可以递交申请了，院校申请通常在11月份截止，通过筛选后，学生在下一年1月、2月参加考试和面试。掌握好这些时间点以后，就可以提前做准备了。还有一些学校的申请比较灵活，没有严格的申请截止时间，而且学校会有1月、4月、9月三个入学时间。学生和家长可以根据自己的情况灵活选择。

总之，英国中学的申请要提早进行，家长和学生要充分了解学校信息并评估自身条件，做到"知己知彼，百战不殆"。除了充分做好申请材料的准备外，学生还要做好面试和考试的准备以及充分的心理准备以独自面对海外生活。如果你着手晚了也不要紧，有些学校有灵活的入学时间，每个学期都可入学。所以不管你身处什么阶段，总有一款英国院校适合你。

第二节 英国预科申请

通过第二章的介绍，大家已经了解到绝大部分来英国读本科的学生，需要先就读本科预科；而部分想来英国读硕士的学生，也需要就读硕士预科来过渡一下。因为本科预科和硕士预科的申请具有相似性，所以本书把其合并到一个小节中进行介绍。下面就带学生和家长一起了解一下英国预科的申请方式、申请时间、申请材料和申请流程。

1. 申请方式

英国的预科课程有些是学校自己运营的，如 UCL、SOAS、Queen Marry；也有些预科是第三方提供和运营的，英国比较大的教育集团 INTO、KAPLAN、ISC 等与英国各自对应的大学合作，在大学校内或校外为国际学生提供本科和硕士预科课程；此外，还有一些私立学院也提供预科课程。

由第三方运营的预科课程可以直接递交申请，需要提供的材料也相对简单，审理速度非常快。有些预科提供方甚至可以在申请过后的 24~48 小时发放录取通知书。由学校自己运营的预科，有些需要学生通过 UCAS 申请（如：UCL 和 Queen Marry 的预科），而有些允许学生直接向院校递交申请。这些预科通常需要学生提供一份老师推荐信，审理周期也会相对长一些。如果通过 UCAS 申请，还需要支付 UCAS 申请费，具体的申请方式详见 4.3.1UCAS 申请部分。普通预科的申请通常不需要申请费，只有少数预科如伦敦大学亚非学院（SOAS）需要 90 英镑的申请费。

2. 申请时间

虽然预科的申请名额并没有本科和硕士申请那样紧张，但是诸如 UCL、SOAS、Bristol、UAL 这些比较高端和热门的预科还是要尽快下手的，确定好目

标后可以提前半年甚至是一年申请。其他由教育集团运营的预科最好提前 3~6 个月申请。提前申请有很多好处：一个是提前申请，学位比较充分，竞争不太激烈；还有就是国际学生要考虑到签证问题，提前申请可以充分安排好签证时间；另一个原因就是奖学金了，很多集团为鼓励学生入学会提供一些奖学金名额，只有先拿到录取通知书并且在奖学金截止日期前提交奖学金申请的学生才有机会获得学费减免的机会。

3. 申请材料

相对于学位课程的申请，申请预科课程需要递交的材料比较简单，主要是：学生之前的学习成绩证明；有些要求严格的预科需要学生提供个人陈述和老师推荐信；雅思成绩可以在申请的时候递交，也可以在取得合格的雅思成绩后递交给学校。艺术类预科需要提供作品集，本科预科只需要学生提供一些比较简单的、能够展示学生艺术基本功或潜质的作品，如素描、水彩或一些手工制品。有些本科预科甚至不要求学生提交作品，进入预科课程后学校会慢慢培养。

本科预科	硕士预科
1. 护照 2. 高中成绩单 3. 高中毕业证／在读证明 4. 雅思成绩 5. 个人陈述（部分学校需要） 6. 推荐信（部分学校需要）	1. 护照 2. 大学成绩单 3. 大学毕业证／在读证明 4. 雅思成绩 5. 个人陈述（部分学校需要） 6. 推荐信（部分学校需要）

4. 申请流程

预科申请流程可以参考 UCAS 或硕士申请部分，在递交申请后，符合录取条件但是没有合格语言成绩或未完成目前学业的学生会先拿到有条件的录取通知书（Conditional Offer），当学生达到规定的语言或学术要求后，可以换取无条件录取通知书（Unconditional Offer）。那些语言达标并已经完成前一阶段课程的学生可以直接拿到无条件录取通知书。学生确认就读预科课程后，需要先支付一部分学费押金换取用于签证的签证函，之后申请签证并入学。

第三节 英国本科申请

> 本小节将针对在英国读完 A-Level 和预科想要继续申请本科，或在其他国家完成高中想要直接申请英国本科的学生。申请英国本科有两种方式：一是通过 UCAS 递交申请，另一种是直接向学校递交申请。英国本土学生申请英国大学时，必须使用 UCAS 申请系统。对于国际学生来说，既可以选择直接申请也可以选择通过 UCAS 申请，但是如果学生想申请排名比较高的优质院校的话，则必须通过 UCAS 来统一申请。下面将分别介绍。

1. UCAS 申请

UCAS 全称是 Universities and Colleges Admissions Service，翻译成中文是"大学和学院招生服务中心"，其职责是为英国高等教育机构提供招生服务。下面就来介绍如何通过 UCAS 来申请英国的大学，包括申请要求、申请材料、申请时间、申请流程以及被所有院校拒绝后的补救方法。

1.1 申请要求

学生最多可以在 UCAS 系统上选择 5 所院校进行申请，专业选择通常都是相关相近专业，因为学生只能上传一篇 PS 递交给所有的申请院校，陈述自己为什么选择该专业。想要申请医学类的学生可以选择 4 所医学专业院校和 1 所非医学专业院校作为保底，保底专业学生通常选择生物医学或生物化学等相关专业。在 5 所申请院校的选择上，要根据自己 A-Level 或本科预科的预估成绩，选择 1~2 所冲刺院校和 1~2 所保底院校，以确保最终成绩好了能去好学校，最终成绩不好也不会没学上。

1.2 申请材料

通过 UCAS 申请，学生无须上传申请材料，学校通过 UCAS 申请表决定是否录取。有时学校会发 E-mail 给学生要求补充一些材料和提供材料的扫描件，并且要求学生在指定时间内回复，否则就视为放弃申请，所以大家要及时查看邮箱并回复。特别要说明的是老师的推荐信，推荐信是由学校老师或由 UCAS 官方申请中心的工作人员上传的，学生看不到推荐信的内容，目的是让老师对学生做出客观公正的评价。

1.3 申请时间

UCAS 每年 9 月中旬开始接受次年 9/10 月份的入学申请。牛津、剑桥以及一些医学类专业在 10 月 15 日就截止申请，所以建议申请名校和医学专业的学生提早做准备。艺术类的申请也比其他专业截止的要早，因为学校要评定学生的作品集而且通常需要面试。

UCAS 申请关键时间表
9 月 1 日——开始接受翌年 9/10 月份的入学申请
10 月 15 日——牛津、剑桥截止申请（医学、兽医、牙医本科截止申请）
1 月 15 日——欧盟和英国本土学生截止申请
2 月底——UCAS 附加申请开始
3 月底——艺术类截止申请
6 月 30 日——国际学生截止申请
7 月中旬——UCAS 清档阶段开始

UCAS 对于英国本土和欧盟学生的截止时间是 1 月 15 日，而国际学生的申请可以一直持续到 6 月 30 日。虽然留给国际学生的申请时间比较宽裕，但是由于录取名额有限并且需要准备签证，还是建议学生及早申请。学生在申请过后的一段时间内会被告知申请结果，未被任何学校录取的学生可以利用 UCAS 的附加申请或者在 UCAS 清档阶段继续申请。

1.4 申请流程

图 4 展示了 UCAS 的申请流程。学生需要在 UCAS 官方网站（http://www.ucas.com）注册申请账号，全部信息填写完成后，递交申请并支付申请费。只申请一所院校的申请费是 20 英镑，申请 2~5 所院校的申请费是 26 英镑。学校通常会在收到申请过后的 4~8 周通知学生是否被录取，完全达到学校录取条件的学生会取得无条件录取通知书（Unconditional Offer），比如说学生已经高中毕业，并且雅思达到直接就读本科的标准。但是多数学生拿到的都是有条件录取通知书（Conditional Offer），比如录取通知书上要求学生最后的 A-Level 成绩达到 AAB，或者要求学生入学前达到 6.5 分（单项不低于 6.0 分）的雅思成绩，学生达到录取通知书上的要求后，才能去该校就读。

学生在取得录取通知书后，需要在规定时间内回复是否去就读，如果在规定时间内没有回复的，则已经取得的录取通知书将被自动取消。对于取得有条件录取通知书的学生，可以选择两所学校进行确认，如果学生最后成绩达不到第一所学校的入学要求但达到了后备学校的要求时，学生可以进入后备学校就读，所以如何选择用作保底的后备学校很重要。对于取得无条件录取通知书的学生，只可以选择一所学校进行确认，像那些取得多所学校无条件录取通知书的"学霸"们，一定要慎重选择后再确认院校，因为这个就是今后你要就读 3~4 年本科课程的高等院校了。

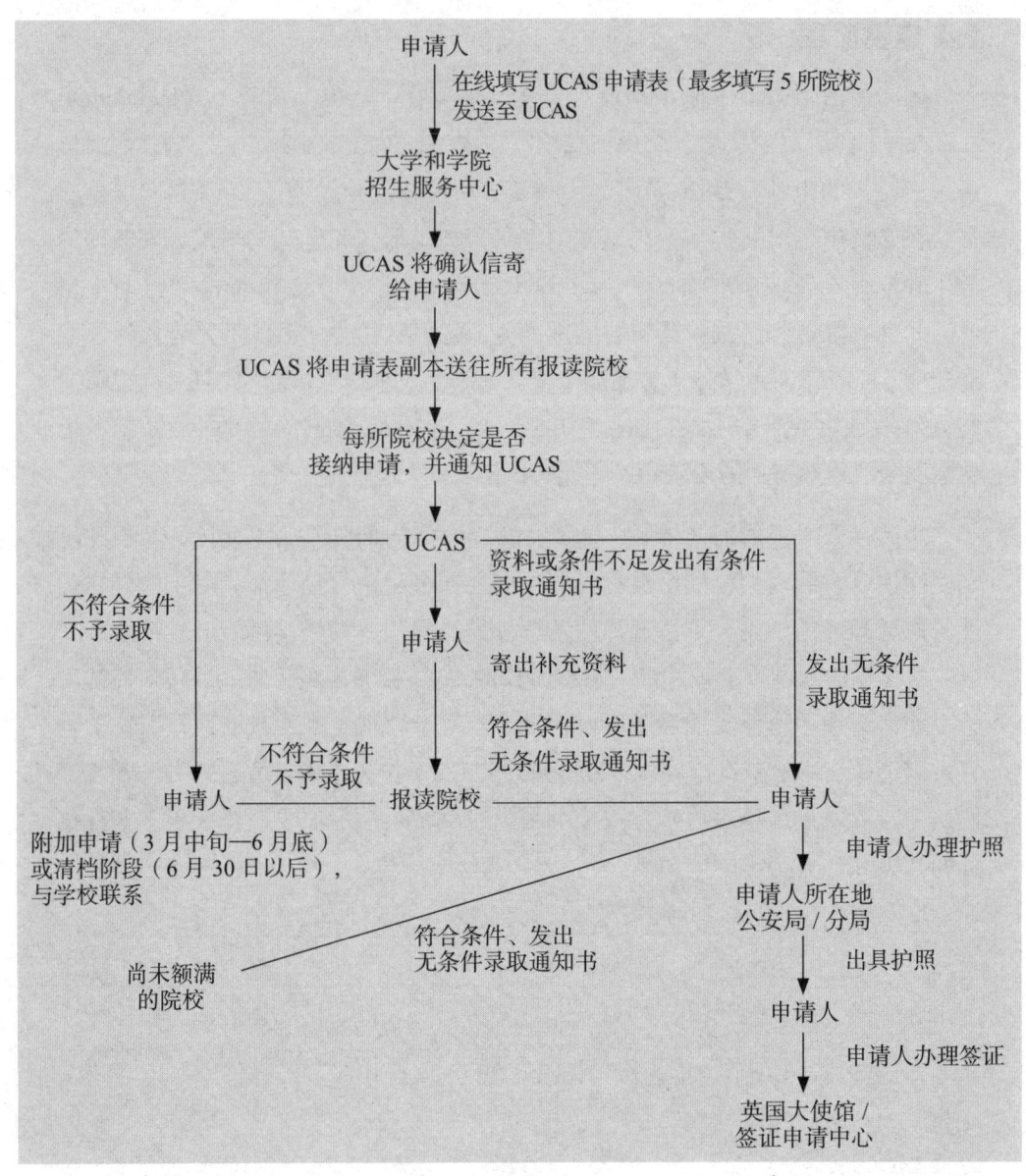

```
                    申请人
                      │ 在线填写 UCAS 申请表（最多填写 5 所院校）
                      │ 发送至 UCAS
                      ▼
                  大学和学院
                  招生服务中心
                      │
                      ▼
                UCAS 将确认信寄
                  给申请人
                      │
                      ▼
          UCAS 将申请表副本送往所有报读院校
                      │
                      ▼
              每所院校决定是否
            接纳申请，并通知 UCAS
                      │
                      ▼
                    UCAS
                      │         资料或条件不足发出有条件
                      │         录取通知书
                      ▼
                    申请人
                      │ 寄出补充资料         发出无条件
                      │                      录取通知书
                      │ 符合条件、发出
                      │ 无条件录取通知书
```

不符合条件不予录取 → 申请人 ── 不符合条件不予录取 ── 报读院校 ────── 申请人

附加申请（3月中旬—6月底）或清档阶段（6月30日以后），与学校联系

尚未额满的院校 ── 符合条件、发出无条件录取通知书

申请人 → 申请人办理护照 → 申请人所在地公安局/分局 → 出具护照 → 申请人 → 申请人办理签证 → 英国大使馆/签证申请中心

来源：Education UK

图 4　UCAS 申请流程

1.5 UCAS 附加申请阶段

如果学生已经用完 UCAS 上 5 所院校的名额并且被所有申请院校拒绝，可以在 2 月末至 7 月中旬之间再申请其他院校作为补充，这个阶段被称为 UCAS 附加申请阶段（UCAS Extra）。有资格进入 UCAS 附加申请阶段的学生，每次只可以申请一所院校，直到有学校录取为止。所以学生要查询好学校的录取条件，也要结合自己目前的成绩情况进行院校选择。还有一些学生对已经录取的院校不满意，可以拒绝已经取得的录取通知书，从而进入 UCAS 附加申请阶段，但是这种操作的风险比较大，请大家谨慎选择。

1.6 UCAS 清档阶段

UCAS 清档阶段（UCAS Clearing）于 7 月中旬开始，该阶段针对那些没有录取通知书、谢绝了学校所有录取通知书或错过了 6 月 30 日申请截止日期的学生。在 UCAS 清档阶段，学校会公布所有尚未录满的专业情况，学生每次只可以申请一所院校，直到有学校录取为止。比较有效的申请方式是，学生打电话或发 E-mail 给学校，把自己的意向专业和申请材料发给学校，看是否有可能录取。如果学校同意录取，再把学校添加在 UCAS 申请表上，从而取得学校在清档阶段的录取通知书。

2. 直接申请

申请英国本科的另外一种方式是直接向院校递交申请而不通过 UCAS，很多排名较低的学校提供这种方式。学生可以通过在线填写申请表并上传申请文件的方式向学校递交申请。笔者列出了申请英国本科所需要的申请材料的清单，供学生参考。如果是艺术类的学生，需要把作品集的电子版上传给学校并且在面试的时候携带原件。直接申请的好处是方便简单，学校审理周期比较短，学生能比较快地得知申请结果。该方式适合对申请院校要求不太高且希望简化申请过程的学生。

本科申请材料
1. 护照
2. 高中毕业证／在读证明
3. 高中成绩单
4. 个人陈述
5. 老师推荐信 1 份
6. 其他证明
7. 作品集——艺术类学生

综上所述，如果想申请英国普通院校的本科，可以采取直接向学校递交申请的方式；如果要申请英国比较好的院校的本科，则需要通过 UCAS 来申请。学生还要注意 UCAS 各个阶段的截止日期，牛津、剑桥、医学以及艺术类的截止日期比较早，最好提前做准备。对于已经用完 UCAS 所有 5 所院校录取名额，而且还想将英国比较好的院校作为保底的学生，可以考虑在 UCAS 之外申请国际大一课程（International Year One），不了解该课程的学生请看 2.2.4 中的介绍。那些在 UCAS 第一轮申请中没有被录取的学生也不要慌张，可以在 UCAS 附加申请和清档阶段继续申请，总之，只要选择得当，从容应对，总有一所英国学校会录取你。

第四节 英国硕士申请

> 英国硕士申请可以采用向院校直接申请或通过 UKPASS 申请两种方式，学生要根据学校的具体要求进行选择。虽然英国院校对学生递交硕士申请学校的数量并没有限制，但是学生需要精准定位后再进行申请，以免浪费自己的时间和精力。硕士的最佳申请时间因为院校不同而有所不同。在申请材料上学校希望看到能够展示学生个性的材料。本小节将一一向大家介绍英国硕士的申请方式、申请时间、申请材料和申请流程等方面的内容。

1. 申请方式

英国绝大多数院校的硕士课程需要学生向学校单独递交申请，而且递交的数量也没有上限，理论上可以想申请几所就申请几所，但是通过精准定位后，通常学生会选择申请 3~5 所院校，也有少数学生会申请 8~10 所院校（友情提示，有些院校是需要申请费的）。建议学生结合自己的基本情况，对意向院校和课程进行研究后再进行申请，这样可以提高申请命中率。否则申请过多院校，既是对自己时间的浪费，也是对学校录取办公室人力资源的过度占用。目前还不清楚如何选择英国院校和专业的学生请参考第三章内容。

某些学校的硕士申请需要通过 UKPASS。UKPASS 是一个统一的院校申请平台，类似于本科申请中的 UCAS，但是没有数量上的限制。目前只有少部分英国大学采用这一申请系统，但是越来越多的学校逐渐加入 UKPASS 的队伍（下文列出了采用 UKPASS 申请的院校名单）。通过 UKPASS 申请，学生需要填写一个统一的在线申请表并上传申请材料，之后 UKPASS 就会把学生的相关信息转发给学校。学校收到学生申请后会单独审理，做出决定并通知给学生，学生也可以通过 UKPASS 来追踪申请进度。通过 UKPASS 申请的好处是：申请手续简化，实现一份申请多投，学生不必在多个院校申请表上重复填写基本的申请信息；同时也可以实现个性化申请，因为学生可以根据不同院校上传不同

的 PS、推荐信等材料。

可以通过 UKPASS 申请硕士课程的院校列表：

University of Bolton (博尔顿大学)

University of Dundee （邓迪大学）

Edge Hill University （边山大学）

London South Bank University （伦敦南岸大学）

Oxford Brookes University （牛津布鲁克斯大学）

Ravensbourne University London （伦敦雷文斯本大学）

Richmond, The American International University in London （里士满伦敦美国国际大学）

Royal Veterinary College, University of London （皇家兽医学院）

University of Westminster （威斯敏斯特大学）

The University of Winchester （温彻斯特大学）

2. 申请时间

申请硕士的最佳时间，会根据申请院校的不同而有所不同。如果是申请英国大学排名前 30 或罗素大学联盟院校，建议提前一年申请。例如，学生打算下一年 9 月份来英国读硕士课程，当年 9 月份就可以开始申请了，对于那些比较好的英国院校，建议最晚不晚于圣诞节，因为越到后期，申请名额越有限，竞争也就越激烈。如果学生申请的是排名在 50 之后的院校或者是一些新兴大学的话，同年的 3~4 月份都可能有剩余的申请名额，但还是建议在条件允许的情况下提早申请，因为国际学生是要为签证申请预留出一些时间的。总之，一旦决定要出国并明确院校选择以后，就要尽快申请，以免耽误最佳申请时机。

3. 申请材料

硕士申请需要递交的材料要比本科申请复杂得多，需要学生精心准备。除了体现之前学习成绩的成绩单之外，比较重要的申请材料是推荐信（Reference Letter）、个人陈述（PS）和个人简历（CV）：推荐信既可以是来自大学老师的学术推荐信（Academic Reference Letter），也可以是来自雇主的推荐信（Professional Reference Letter），没有工作经验的学生可以提供两份大学老师的推荐信，那些有一定工作经验的学生可以提供一份老师的和一份雇主的；个人陈述（PS）是描述自身优势、学习动机以及将来规划的重要文书；对于有工作经验、实习经验或有很多活动经历的学生，可以递交一份个人简历（CV）为自己的申请增加砝码，把自己的与众不同展现给录取官员和负责学术审核的教授。

某些专业的学生还要准备其他的申请材料，比如：申请艺术设计的学生要准备作品集(Portfolio)；申请戏剧、表演或音乐的学生要提供之前的表演小样；申请研究型研究生的学生要准备 1,000~1,500 字的研究计划（Research Proposal）；申请翻译的学生会被要求进行小篇文章的翻译，有些名校还需要学生提供之前写过的论文（Sample Writing Work）等。此外，为了增加被录取的机会和可能，课余生活比较丰富的学生，可以提供之前的获奖证明或才艺证书等。

硕士申请材料列表
1. 毕业证、学位证（未毕业学生提供学校在读证明）
2. 大学成绩单
3. 语言成绩证明（IELTS，GMAT，GRE）
4. 推荐信 2 份
5. 个人陈述
6. 个人简历
其他材料：
1. 作品集——艺术类学生
2. 研究计划——研究型硕士
3. 获奖证书、工作证明

4. 申请流程

图 5 展示了硕士的申请流程。学生在准备好上述所列的申请材料后，就可以通过直接申请或 UKPASS 申请的方式把材料递交出去了。通常在申请过后的 2~8 周会得到学校的答复，越好的学校审理周期就越长，所以大家不要着急，只需耐心等待。学校的录取结果，会通过发 E-mail 的方式通知给学生，网申的院校可以在申请系统中查询。被录取的学生通常是先得到一份有条件录取通知书，通知书中规定了学生在入学前需要达到的英文或学术条件。比如，要求雅思 6.5 分（单项不低于 6.0 分），大学本科最后平均分在 80 分以上等。当学生最后达到通知书中的条件并证明给学校后，学校会给学生发放无条件录取通知书。

有些学校和专业需要对学生进行面试或额外测试后才会发放录取通知书。比如：申请艺术设计的学生需要携带作品参加面试，向学术老师描述一下自己的作品或陈述一下自己的设计理念；申请 PGCE（Postgraduate Certificate in Education，研究生教育证书）的学生也要参加面试，向学校展示其具有基本的做老师的素质；申请牛津、剑桥这些名校的学生也会被要求进行面试。参加面试的学生无须紧张，面试前做好充分准备并保证休息时间即可，申请材料中的任何内容都可能作为面试的要点被提问，面试当然也会涉及一些专业的基本知识和将来的一些打算。

申请硕士的学生通常会收到多张录取通知书，大家要通过综合比较评估最后选择一所进行确认。学生在确定好就读学校后，需要向学校支付一定数额的学费押金来占位。学校在收到押金后会向学生发放用于办理签证的签证函（CAS Letter），学生在收到 CAS 后就可以向使馆递交签证申请了。中国大陆地区通常需要 10~15 个工作日才能取得签证结果（时间紧迫的学生也可以选择 3~5 天的优先服务），签证下来后就可以准备行程出发了。当然，也有个别学生由于材料准备不充分被拒签，这个时候需要保持冷静，找出拒签原因并重新递交。以防万一，建议大家及早确认学校，及早换 CAS 和递交签证申请，为英国留学做好充分准备。

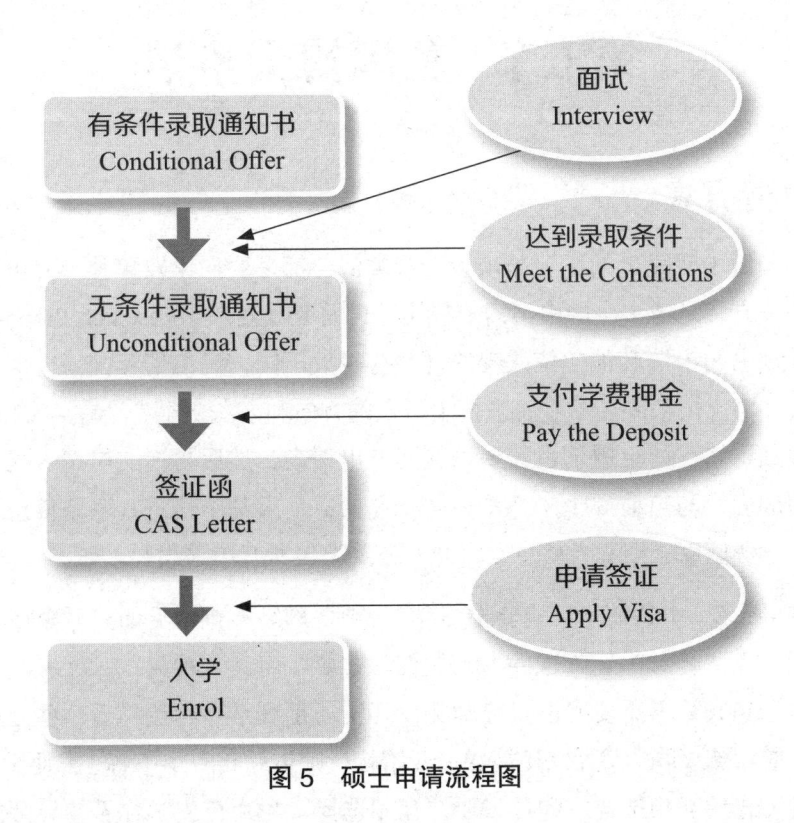

```
有条件录取通知书                    面试
Conditional Offer  ──────────→  Interview
        │
        ▼
                              达到录取条件
        ←──────────────────   Meet the Conditions

无条件录取通知书
Unconditional Offer
        │
        ▼
                              支付学费押金
        ←──────────────────   Pay the Deposit

签证函
CAS Letter
        │
        ▼
                              申请签证
        ←──────────────────   Apply Visa

入学
Enrol
```

图 5　硕士申请流程图

第五节 英国博士申请

1. 申请方式

英国博士研究生的申请与硕士有些类似，都是要向学校单独递交申请。不一样的地方就是博士生的申请需要提交一份研究计划书（Research Proposal）。研究计划书与申请其他学位课程的材料有很大不同，是申请英国博士课程的一项重要文书，用来阐述学生将来博士研究的方向和方法，笔者会在4.5.3这个小节中细致讲解。博士申请也需要填写网上申请表，然后再递交申请。网上申请要填写的内容与申请硕士的基本一样，包括：个人基本信息、联系信息、住址信息、学费信息、推荐人信息等，此外还要上传所有申请材料。

许多人说，申请博士一定要提前联系导师，网络上也常见如何与导师"套磁"等话题，让"套磁"导师这件事儿显得"重要"而又"神秘"。大家也许会问，申请博士到底需不需要提前找导师呢？其实还是联系导师更稳妥一些，这样不仅能够增加被录取的概率，还能在一开始就让师生互相有个了解，方便做好"非诚勿扰"式的互相选择。为什么要"互相选择"呢？首先，你希望导师能够看上你，收你做他/她的博士生。其次，一个很容易被忽略的点就是你对导师的选择，你是否能与导师很好地相处至少三年的时间，你们是否合拍……导师对博士生的影响还是挺大的。每年都有博士生因某些原因而换导师，常见原因就是学生与导师不太合拍，有研究上的，也有性格上的。虽然博士生更换导师的案例不太多，但也需要引起新生的注意，不要盲目地联系导师。除了考虑研究方向，导师的性格以及做事方式也是需要做功课的。具体如何选择博士生导师可在下文找到。

"套磁"是指提前联系导师，当然，最重要的还是得有一份不错的研究计划书。首先，学生需要对自己的博士研究题目和研究方法有个大概的想法，并尽量形成文字，然后按照研究计划书的格式整理出来（具体格式后面会讲）。研究计划书写好后开始联系导师，在目标学校的网站上搜索你想申请的院系的教师名单，通常就会看到所有教师的名字，点开名字便可以看到该教师的联系方式、研究领域和学术论文发表等情况。利用这个方式整理出你感兴趣的教师名单。最后，给你感兴趣的教师发邮件，简要说明你的情况。需要注意的是，你的详细介绍最好放在附件里，不要让邮件看起来太冗长而降低阅读性。如果你人就在英国的话，发邮件约个时间见面也是不错的选择，见面会更方便老师了解你，也方便你当面确认你和导师是否合拍。

2. 申请时间

申请时间当然是越早越好，从你有意向在英国读博开始，就可以研究学校，上网查询不同导师的研究领域，并联系导师进行网申。与硕士申请类似，大部分学校的网申通道在入学前一年就开放了。大部分博士生是秋季（9月）入学，所以从前一年的9月就可以开始申请了。少数院校也设有1月或4月开始的博士课程，申请时间会有相应的不同。想申请奖学金的学生就要更早启动啦，一是因为先到先得，另外一个原因是奖学金都是有申请截止时间的。

3. 申请材料

博士学位申请材料清单
◎ 毕业证、学位证
◎ 大学成绩单
◎ 语言成绩证明（IELTS，TOEFL）
◎ 推荐信2份
◎ 个人陈述
◎ 个人简历
◎ 研究计划书
◎ 其他证明材料：如发表过的文章、研究成果等

申请博士需要有如上几项材料，通过前边的介绍大家已经知道，博士申请比硕士申请多一个研究计划书。接下来笔者就来给大家介绍一下研究计划

书。研究计划书的字数一般在 3,000 字以内，其结构如图 6 所示，一般包括 5 项：研究题目（Research Title）、引言（Introduction）、文献综述（Literature Review）、研究方法（Methodology）和参考文献（References）。研究计划书需要一个简短的研究题目来概括你的研究问题和方向；引言部分是介绍研究项目的背景，阐述研究该问题的意义；文献综述是回顾之前学者在该问题上的研究成果及研究不足；研究方法要阐述研究这个问题的方法，如是定性分析还是定量分析，研究样本的抽取是采用什么样的方式，调查研究是采用问卷的方式还是采访的方式等；最后列出你的参考文献。

研究题目	引言 研究问题 研究意义	简明的文献综述	建议的研究方法	参考文献列表
Research Title	Introduction	Literature Review	Methodology	References

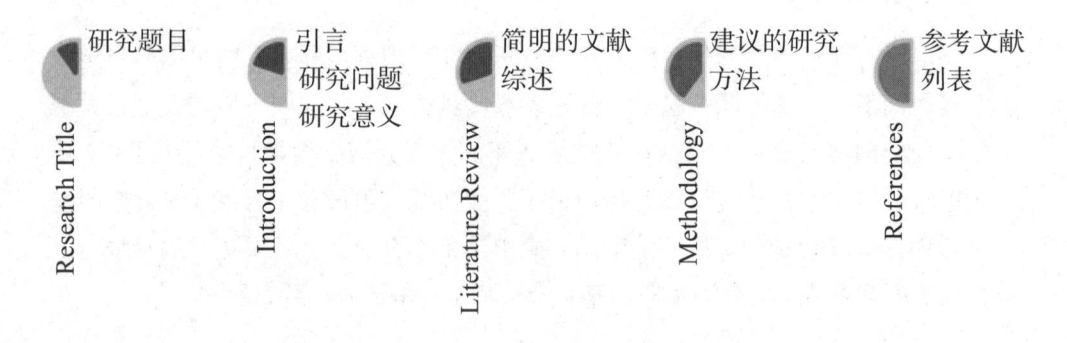

图 6　研究计划书的结构图

那么，导师接收学生的时候看重的是哪些方面呢？

第一点，学生的思维有没有深度。博士毕业论文都要求学生有创新点和理论上的贡献，所以学生要明白自己研究的意义和研究的贡献，尤其是在学术理论上的贡献。中国学生普遍更擅长实证研究，像如何帮助公司获得更多的利润，而不太擅长理论的升华，即形而上地把理论抽象化。这种将理论抽象化的能力需要大量的阅读和深度思考才能提升。

第二点，学生的学术研究能力如何。学生能否在 3~4 年的时间内顺利地完成博士学业（最好还能发表论文）；学生的知识储备是否充足；学生是否有足够的理论基础；学生提出的研究方法如何，是否是解决该研究问题最适合的方法（比如是定性研究还是定量研究、是半结构化面试还是非结构化面试），该方法是否可行（比如能否采访到目标对象、是否有渠道获取某个数据库）；调查对象是否数量过大以至于三四年的时间都完不成，调查群体是否过小以至于达不到博士的级别等。

第三点，是否有其他资源能够帮助研究。想与博士生一起合发论文的导师比较在意这一点。如果学生有权限进入某个数据库或能够找到目标群体做调研，那么可以提高其发论文的效率。

大家可以根据以上几点写一篇研究计划书。其中最重要的是研究问题，其他的都是围绕研究问题展开的，如研究问题的来源、研究问题的意义与贡献、研究问题的发展历史以及为解决该研究问题提出的研究方法。

4. 申请流程

每个学校的博士申请流程虽然不完全一样，但大同小异，基本上可以分为以下几个步骤：

Step 1. 联系导师

有意向读博的学生越早联系导师越好。但这并不是让大家毫无头绪地就急着联系与导师见面。与导师见面的前提是学生已经对自己在读博期间要研究什么有了一个大致的规划，并能拿出一份（哪怕是草稿的）研究计划书，用于在见面时与导师讨论，看看你是否符合导师的"胃口"。如果导师本身有科研项目在手（理工科比较常见），你也可以看看能不能加入这个项目组。

联系导师是大多数学校推荐的做法，但也不是一定要做的。只是做了的话会加快学校的录取速度（学校录取办公室省掉帮你找导师的时间），同时提高了被录取的概率。但也有不少学生没有做这一步，或在正式网申之后才去找导师，但同样也顺利地获得了录取通知书。

Step 2. 进行网申

每个学校的官网上都有自己的网申通道，不需要过多的技术成分，也没有什么套路，大家放心网申就好了。大部分学校的网申免费，少数学校会收取

50~100英镑的手续费,需要大家考虑好后再申请。对于需要办理签证的国际学生,越早申请学校越好,如果拖到最后,签证申请可能会来不及。

Step 3. 学校回复

申请过后的 4~8 周（每个学校的录取工作效率不太一样),学校会给学生发送电子邮件通知申请结果。如果学生还没有完全达到入学要求,学校会先发放一份有条件录取通知书。常见的条件是,在某个日期之前硕士毕业论文成绩须达到多少分,或雅思语言成绩达到多少分。等学生满足了所有的条件,并把最新的成绩证明发给学校后,学校就会回信通知学生其录取通知书已经转成了无条件录取通知书。

Step 4. 申请签证

等到学生拿到无条件录取通知书并换取了用于申请签证的签证函之后,便可以申请在英国攻读博士的签证了。学生的签证如果尚未到期,既可以选择在英国材料签或面签,也可以选择在中国材料签。友情提示:在中国办理签证的手续费更便宜,不过如果你的硕士是在英国读的,直接在英国续签会更方便一点,如果是想迅速拿到签证的话,请选择在英国面签。

附：如何申请博士奖学金？

想申请博士奖学金的学生，越早申请越好，尤其是国际学生，至少提前半年申请比较稳妥。一般来讲，商科获得奖学金的机会很少，奖学金获得机会较多的专业集中在自然科学与工科，但这并不意味着人文科学与社会科学的学生就没有机会拿奖学金。笔者下苦功夫，"搜刮"来了各方面的奖学金信息，分享给不知从何下手的学生。

首先，介绍一下英国提供奖学金和研究经费的国家级研究组织。表9中列出了7家不同学科的国家级研究组织，它们同属于英国研究理事会（Research Council UK），目前资助着全英范围内的19,000名博士生，每个奖学金的申请要求和发放金额都是全国统一的。为什么要首先介绍这些研究组织呢？除了它们"大"以外，还有一个非常重要的原因就是奖学金丰厚。所有的奖学金均包含学费，目前生活津贴的标准是13,863英镑／年，连续发三年，而且每年提供的津贴都在增长。

表9　英国大型研究机构的名称、研究领域、奖学金信息网址

主要研究领域	简称	全称	奖学金信息网址
艺术与人文及语言类专业	AHRC	Arts and Humanities Research Council	http://www.ahrc.ac.uk/Funding-Opportunities/Pages/Funding-Opportunities.aspx
生物科学	BBSRC	Biotechnology and Biological Sciences Research Council	http://www.bbsrc.ac.uk/funding/funding-index.aspx
工科与物理学	EPSRC	Engineering and Physical Sciences Research Council	http://www.epsrc.ac.uk/funding/
商科及其他社会科学	ESRC	Economic and Social Research Council	http://www.esrc.ac.uk/funding-and-guidance/
医学	MRC	Medical Research Council	http://www.mrc.ac.uk/funding/
环境科学	NERC	Natural Environment Research Council	http://www.nerc.ac.uk/funding/
理工科	STFC	Science and Technology Facilities Council	http://www.stfc.ac.uk/1776.aspx

其次，各大高校也提供金额不等的奖学金，大部分学校的官网上都能找到关于奖学金的介绍。除了博士学位的奖学金，不少学校还有提供给其他学位的奖学金机会，比如，在牛津大学的官网上可以直接搜索奖学金的相关内容，把自己的学生信息依次填写进去后，网页的最下方会自动帮你列出你所读课程目前提供的奖学金机会；再比如，帝国理工大学的官网上也有类似于牛津大学官网上的奖学金信息搜索功能，这个页面制作得更加简洁明了，填完个人信息，点击"搜索"按钮后，结果就会跃然于网页上，还可以选择每页查看多少个搜索结果，每页可显示 10 个到 5,000 个不等。

最后，商业机构和慈善组织也为学生提供种类繁多的奖学金。比如，桑坦德银行与英国 70 多所大学合作，为优秀学生提供金额不等的奖学金。为了便于大家了解更多信息，笔者还列出了提供奖学金的主要慈善组织和网址（见表 10）。获取奖学金的主要方式是给机构做项目等然后获取经济上的补贴。这么做不仅有利于培养学生的动手能力、使学生不与社会脱节，还有利于学生今后的就业。事实上，有不少博士生毕业后转成全职，成了该机构的一名正式员工。但大家也要考虑一下自己到底有没有多余的时间做兼职工作。如果你本身的学习都已经自顾不暇了，那还是请多关照关照学习吧。

表 10　英国提供奖学金的慈善组织

Action Medical Research
- http://www.action.org.uk/our-research/apply-research-grant

Cancer Research UK
- http://www.cancerresearchuk.org/funding-for-researchers

Carnegie Trust for the Universities of Scotland
- http://www.carnegie-trust.org/

Institution of Engineering & Technology
- http://www.theiet.org/about/

Institution of Mechanical Engineers
- http://www.imeche.org/

Leverhulme Trust
- http://www.leverhulme.ac.uk/

Royal Geographical Society
- http://www.rgs.org/HomePage.htm

The British Academy
- http://www.britac.ac.uk/funding/index.cfm

The British Federation of Women Graduates
- http://bfwg.org.uk/

The Institution of Civil Engineers
- http://www.ice.org.uk/

The Wellcome Trust
- http://www.wellcome.ac.uk/funding/index.htm

以上为大家介绍了提供奖学金的院校、慈善组织、商业机构和国家机构。最后，笔者再为大家推荐几个不错的网站：http://www.findaphd.com/funding/、http://www.jobs.ac.uk/phd 和 http://www.prospects.ac.uk/funding postgraduate study.htm。除了有奖学金的信息以外，后两个网站上还有不少招聘信息，值得大家浏览。

附：如何选择博士生导师？

▲ **选择导师第一个因素：研究领域**

研究领域是大多数学生申请时非常关注的地方，因为研究领域越相近越利于导师辅导学生的学术研究。到底是选择热门的研究领域，还是选择自己更喜欢的研究领域呢？笔者认为最好还是选择自己更喜欢的研究领域。因为通常博士毕业以后，大多数学术工作者还是继续选择读博时的研究领域，一般不会偏离太多，所以这一选择很有可能是你接下来二十年的工作重心。况且即便是在读博期间，忍受自己不喜欢的东西长达3~5年，还得硬着头皮对它进行理论升华，真是极其痛苦的。

▲ **选择导师第二个因素：研究方法**

定性研究还是定量研究，这是一个问题。如果你在自己想读的大学里，找不到与你研究领域一样的导师的话（这是有可能发生的），找与你研究方法一致的导师是一个次优选择。你与导师的研究领域可以不一样，毕竟到了博士阶段，每位学术研究者的研究点都特别有针对性，"术业有专攻"这句话表现得特别明显，所以要找到一位对你的研究特别了解的导师也挺不容易的。不少博士生都有两位导师，一位专攻你的研究领域，另一位擅长你的研究方法。

▲ **选择导师第三个因素：导师性格**

导师的性格也是挺重要的。有些导师比较容易相处，学生更容易与他们沟通，甚至可以打成一片、相聊甚欢。但这种老师也有可能在一对一辅导的时候聊太多与学习无关的事情，以至于占用了学术时间，这实际上浪费了学习时间。如果你碰到性格比较"闷"的老师，那么你们的讨论可能会比较沉闷，甚至会因交流不够而产生学术上和学习态度上的误解。比如，在学术上，你没能完全理解导师要表达的含义，可能是因为导师的"口才"不太好；在学术态度上，明明你每天都在学习，可是由于程序有点问题，你又重新跑了一遍程序导致一段时间你都没有联系导师汇报进度，致使导师误以为你最近没有好好学习。我认识的一位博士生就因此与导师产生隔阂，最后选择了换导师。其实，不同性格的老师各有所短，也各有所长，不分好坏，符合自己的性格才重要。

▲ 选择导师第四个因素：导师的忙碌程度

这一项比较好理解，导师越忙越没空理你，或是每次理你的时间比较短。这时就要看你是喜欢"放养型"的导师还是"圈养型"的导师。"放养型"的导师一般不喜欢催促自己的学生，有的甚至半年不见一次学生。这种情况下，如果学生自己不够自律的话，就容易造成学习拖沓的局面，很长时间学业没有什么进展。而"圈养型"的导师一般喜欢频繁地催促学生。在这种情况下，如果是神经比较"大条"的学生还好，神经比较脆弱的学生则会长期处于精神紧张的状态，犹如一根橡皮筋一直紧绷得不到真正的放松，时常看上去很疲惫。一般来讲，亚洲老师容易"圈养"学生，而英国老师则以"放养"为主。

除了以上这些因素，还有一些选择导师的因素需要考虑，比如年龄和职称等。一般来说，年纪轻、职称低的导师处于学术奋斗的上升阶段，勤于发表论文，也更乐于与博士生一起发表论文，因而他们会更有可能催促你的学业，并与你一起奋斗联名写论文；而年龄大一些、职称较高的导师，发表论文的质量一般会更高，并且通常是一些重要期刊的编委会成员，因而可能不太愿意与刚刚涉足的博士生一起发表文章，并且可能会因同时担任高级行政职务（如院长、系主任等）而没有时间管学生，导致每次见面的时间较短。

综合以上几个因素，学生需要根据自己喜欢的研究领域、自己擅长的研究方法，以及自己的性格特点来选择导师。

第五章
签证申请

本章导读

英国签证分很多类,本章只介绍跟学生和家长息息相关的几种签证类型:从来英国学习的普通学生签证和儿童学生签证,到学生毕业后实习和就业的毕业生签证和普通工作签证;从邀请亲朋好友来看望的标准访问签证,到在英国创业的初创签证和创新签证。学生和家长可以根据学生不同阶段的需求找到对应的小节来阅读。

第一节 来英国学习的签证

来英国读书的国际学生需要申请学生签证，学生签证分为普通学生签证和儿童学生签证，这两种签证类型是根据学生的年龄和要申请的课程来划分的，16岁以上的学生需要申请普通学生签证，4~17岁的学生需要申请儿童学生签证。如果学生在毕业后想要留在英国的话，可以申请毕业生签证，继续在英国待2~3年，具体时间是根据学生就读课程的类别来决定的。本小节会对以上几种签证做详细的介绍。

1. 学生签证

首先介绍一下允许来英国读书的学生签证。根据2020年1月1日开始执行的新签证标准，无论是申请普通学生签证还是儿童学生签证，申请人都要达到签证计分标准（70分）才能取得签证。这两种签证对语言能力和资金实力都有不同的要求，对课外实习或工作时间也有不同的限定。

表11和表12分别展示了普通学生签证和儿童学生签证的计分方式和计分标准：对于普通学生签证的申请人来说，取得学校的签证函（CAS Letter）并满足课程所规定的学术要求、课程级别要求等，就可获得50分，符合资金要求可以获得10分，满足语言要求可以获得另外的10分，总体得分70分就可以取得学生签证。

★ 普通学生签证

表 11　普通学生签证的计分方式和计分标准

计分类型	需要满足的条件	得分
学习	· 签证函要求 · 课程要求 · 学术要求 · 课程级别要求 · 学习地点要求	50
资金	· 资金要求	10
语言	· 英文要求	10

对于儿童学生签证的申请人来说，取得私立院校的签证函并达到课程要求，满足年龄要求并取得父母的同意函，就可以获得 50 分。满足资金要求的申请人可以另外获得 20 分，从而达到 70 分的签证要求。

★ 儿童学生签证

表 12　儿童学生签证的计分方式和计分标准

计分类型	需要满足的条件	得分
学习	· 签证函要求 · 课程要求 · 在私立院校学习 · 申请时年龄在 4 到 17 周岁 · 父母的同意函	50
资金	· 资金要求	20

★ 两种签证类型对比

从年龄上来说，申请普通学生签证的学生需要年满 16 周岁，就读 GCSE 或以上级别的课程。儿童学生签证适用于年龄在 4~17 岁之间来英国就读私立中小学的学生。年龄满足这两种签证要求的学生，可以根据所申请课程的类型和自身情况选择签证（详见表 13）。无论申请哪种类型，年龄低于 18 岁的学生，都需要家长签署同意学生来英国就读并提供资金支持的同意函。

表 13　普通学生签证和儿童学生签证对比

两种签证类型对比	普通学生签证	儿童学生签证
是否需要提供语言成绩	是	否
是否需要支付移民健康保险费	是	是
是否需要采集申请人的生物信息	是	是
是否需要提供资金担保	是	是
是否有名额限制	否	否
是否可以在境内转换成其他签证	是	是
是否可以携带配偶	详见如下解释	否
是否可以工作	详见如下解释	详见如下解释

语言和学术要求：申请普通学生签证的学生需要证明自己满足语言和学术上的要求：雅思总分 6.0 分，且单项不低于 5.5 分；学术方面需要完成国内的高中课程或本科课程，不同课程级别会有不同的学术和语言要求。儿童学生签证不需要学生提供语言成绩（比如雅思、托福），学校可以通过自己的英文测试来评估学生的语言水平。16 岁以上的申请人有的时候还会被要求面试，签证官通过面试来判定申请人是否是真正来英国就读的学生。

资金要求：两种签证都要求学生或家长递交资金证明，且资金数额不少于学生在英国就读一年的学费和生活费的总和。这个是针对签证高风险国家而言的。对于签证低风险国家，资金证明材料则不是必需的。目前中国也被英国列为签

证低风险国家，但是为了保险起见，递交签证申请材料的时候建议还是加上资金证明。

配偶或陪读签证：持有普通学生签证的学生攻读硕士或以上级别课程的时候，配偶可以陪同在英国读书或工作。家长也可以办理陪读签证来英国陪伴持有儿童学生签证的学生读书，但仅限年龄在 12 周岁以下的学生家长。学生年龄超过 12 周岁时，家长如果想继续在英国陪读的话，需要转换成其他签证。

是否可以工作：英国是鼓励学生在业余时间工作和实习的。全日制就读期间，攻读本科及以上级别课程的学生，每周可以合法工作 20 小时；攻读本科以下级别课程的学生，每周可以合法工作 10 小时。如果是假期的话（如暑假、圣诞节假期），则可以全职工作。有的学校还提供带薪实习课程，比如本科"三明治"课程（详见"2.2.4 国际大一课程"中的介绍）允许学生合法实习或工作一年。

还有几点是需要特别说明的：

在普通学生签证下，学生攻读本科及以下级别课程（比如语言课程、GCSE、A-Level、Foundation）的时间合计不能超过两年；攻读硕士及以下级别课程的时间合计不能超过 5 年。这个政策是为了防止学生无限制地攻读低级别课程，而不升学攻读高一级别课程，使其一直在英国停留，并最终在英国居住满 10 年从而取得永久居留权。

如果学生更换学校，则需要重新申请签证，因为学校是学生签证的担保人，担保人更换，签证也要相应地更换。如果学生在同一所学校更换专业，比如从商业管理专业转到市场营销专业，也需要向英国内政部（Home Office）汇报并备案。

2. 毕业生签证

在英国读书的学生有一部分是希望继续留在英国实习或工作的，他们除了可以通过申请技术工作签证 (Skilled Worker) 留在英国以外，还可以申请毕业生签证（Graduate Route）。这个签证的前身是大名鼎鼎的 PSW（Post Study

Work）签证，即毕业后工作签证，曾在 2012 年被取消。为了更好地吸引国际学生来英国就读，英国政府在 2020 年夏季又重新发放这类签证。

究竟哪些人可以申请这个签证？如表 14 所示，在英国高等院校成功获得本科或以上级别学位的毕业生就可以申请。在英国获得本科和硕士学位的毕业生可以申请 2 年的毕业生签证；在英国获得博士学位的毕业生可以申请 3 年的毕业生签证。签证期满后，学生可以转换成其他类型的签证继续留在英国，比如工作签证、配偶签证等。

表 14 毕业生签证的要求 / 限制

要求 / 限制	是 / 否	要求 / 限制	是 / 否
·是否对语言有要求	否	·是否有配额限制	否
·是否需要申请费	是	·是否可以在英国境内转为其他签证	是
·是否需要支付医疗保险	是	·是否可以转换成永久居留签证	是
·是否需要采集申请人的生物信息	是	·是否可以携带家属	详见如下解释
·是否需要提供资金担保	否	·是否可以从事业余工作	是

学生在申请毕业生签证的时候，不需要提供语言成绩证明，不需要提供存款证明，因为在英国就读的经历已经能证明学生的英文水平和经济能力了。申请该签证的时候，申请人需要支付 NHS（英国国家医疗服务体系）的医疗保险，还要再次被采集生物信息。申请人的配偶和子女若已经在英国，可以在毕业生签证有效期内继续待在英国。

除非课程含去其他国家学习的交换项目，或由于不可抗力只能参加网络授课，否则学生需要在英国完成全部学位课程才可以申请这个毕业生签证。部分理工科专业的毕业生需要提供 ATAS 认证，有关 ATAS 认证详见如下解释说明。

ATAS 认证

ATAS（Academic Technology Approval Scheme）是来自欧洲经济区以外的留学生在报读英国某些硕士学科时必须通过的一项附加审查。ATAS 认证是英国反恐战略下加强对外国留学生审查的措施之一，所涉及的课程都属于理工学科。学生来英国就读前需要先进行 ATAS 认证，然后再申请签证，如果没有 ATAS 的认证信，学生会遭到拒签。需要进行 ATAS 认证的学科举例如下：

F2 – Materials Science 材料科学

F3 – Physics（including Nuclear Physics）物理学（包括核物理）

H3 – Mechanical Engineering 机械工程

H4 – Aerospace Engineering 航天工程

H8 – Chemical，Process and Energy Engineering 化学、加工及能源工程

J5 – Materials Technology not otherwise specified 未另行说明的材料技术

以上只是列出了一部分需要 ATAS 认证的专业，更多专业可以在英国政府网站（http://www.gov.uk）上找到。如果学生不太清楚自己的专业是否需要认证也没有关系，因为学校的录取通知书上都会注明，大家按照录取通知书上的指示去做就可以了。

ATAS 认证的申请比较简单，学生只需要到 ATAS 网站上填写一些信息（主要是基本信息），如国内教育背景、工作经历、申请院校的名称、专业、课程时间、推荐人信息等。学生注册成功后会收到来自 ATAS 的确认信，之后办理签证时还需要把该确认信连同其他签证材料一起递交。

第二节 来英国工作的签证

> 英国提供的多种类型的签证吸引着全球的优秀人才来这里工作或创业，无论你是刚毕业想要在英国寻求一份实习或全职工作的学生，还是在科学或艺术领域的顶尖人才，或是有创新精神想要在英国创业的企业家，都可以申请相应类型的签证来英国大展身手。本章分别介绍了与国际学生、特定领域的优秀人才和创业者相对应的普通工作签证、全球人才签证、初创和创新签证，希望能对学生毕业后的去向起到参考和指导作用。

1. 工作签证

英国从2021年1月1日起施行新的工作签证计分制度，目的在于吸引世界各地的优秀人才来英国工作。在新的签证计分体系下，申请人需要取得70分才可以获得工作签证。其中50分是必须获得的基础分数（详见表15）。

表15　申请工作签证需要满足的基础分数

计分类型	需要满足的条件	得分
工作	申请人已获得有签证担保资质公司的工作录取通知	20
工作	工作达到RQF3或更高级别的技能水平（RQF3相当于高中级别）	20
语言	申请人英语水平达到B1或以上级别（B1相当于雅思4.0分）	10

此外，申请人可以根据自己的实际情况，从如下得分项中获得额外的20分（详见表16）。

表16 申请工作签证可额外获得的分数

工资收入得分			其他选项得分	
工资收入区间	职位现行收入标准	得分		得分
工资不低于 20,480 英镑/年	不低于职位现行收入标准的80%（职场新人不低于平均工资标准的70%）	20	申请人具有博士学位并从事跟专业相关的工作	10
工资不低于 23,040 英镑/年	不低于职位现行收入标准的90%	10	申请人具有STEM相关专业博士学位并从事跟专业相关的工作	20
工资不低于 25,600 英镑/年	不低于职位现行收入标准	20	短缺工种	20
工资不低于 20,480 英镑/年	医疗和教育相关职位，并符合国家工资标准	20	申请人是职场新人	20

备注：

* 由学生签证、毕业生签证转入工作签证或年龄在26岁以下的申请人被视为职场新人；

* STEM是科学（Science）、技术（Technology）、工程（Engineering）和数学（Math）四个专业英文首字母的缩写。

案例 1

Evie 是一名 24 岁的兽医专业毕业生,在英国毕业后找到了一份年薪为 22,900 英镑的兽医工作,雇主可以为她提供工作担保,她的语言和工作级别也满足签证要求,于是她已经取得了 50 分的基础签证分数。

她还要获得额外的 20 分才能取得工作签证。兽医行业的平均工资是 32,500 英镑/年,她获得的工资远远低于这个标准,但是因为 Evie 是新晋毕业生,所以只要雇主为她提供的年薪高于行业平均工资标准的 70%,她就可以取得 20 分,而 Evie 获得的工资刚好满足这个条件。于是 Evie 合计取得 70 分,符合工作签证的要求(详见表 17)。

表 17　Evie 申请工作签证所取得的分数

	得分标准	得分	合计
基础分数	申请人已获得有签证担保资质公司的工作录取通知	20	50
	工作达到 RQF3 或更高级别的技能水平	20	
	申请人英语水平达到 B1 或以上级别	10	
可以额外获得的分数	申请人是职场新人,年薪不低于该岗位平均工资的 70% 并且至少 20,480 英镑/年	20	20
总分			70

案例 2

Frey 在英国找到了一份年薪 21,000 英镑的实验室技术人员的工作,他满足了基础分数的要求并取得 50 分的计分。Frey 不能通过工资取得 20 分,因为他的工资低于 25,600 英镑/年。但由于 Frey 是生物专业的博士毕业生,专业属于 STEM 专业范畴,所以可以获得 20 分的额外加分(详见表 18)。

表 18 Frey 申请工作签证所取得的分数

	得分标准	得分	合计
基础分数	申请人已获得有签证担保资质公司的工作录取通知	20	50
	工作达到 RQF3 或更高级别的技能水平	20	
	申请人英语水平达到 B1 或以上级别	10	
可以额外获得的分数	申请人具有 STEM 相关专业的博士学位并从事跟专业相关的工作	20	20
总分			70

工作签证申请永居：工作签证持有者在工作满 5 年后可以申请英国的永久居留权。申请永久居留权的时候，申请人要通过英国入籍考试（Life in the UK），该考试包含了英国历史、经济、文化等各个方面的内容，需要提前做好积累和准备。申请人还要证明自己的年薪能够满足英国永久居留权的申请标准，递交签证的时候需要提供近期的工资单和纳税证明（详见表 19）。

表 19 申请永久居住的要求/限制

要求/限制	是/否	要求/限制	是/否
·是否对语言有要求	是	·是否有配额限制	否
·是否需要申请费	是	·是否可以在英国境内转为其他签证	是
·是否需要支付医疗保险	是	·是否可以转换成永居签证	是
·是否需要采集申请人的生物信息	是	·是否可以携带家属	是
·是否需要提供资金担保	是	·是否可以从事业余工作	是

如果申请人更换雇主，需要重新申请工作签证，因为工作签证是绑定到特定雇主的。这个时候新的雇主需要出具新的工作签证担保函，以用于新签证的

申请。在英国的签证标准中，并没有规定申请人更换雇主的次数，只要申请人找到愿意为其担保签证的雇主，就可以换工作和申请新的工作签证。

工作签证持有者的家属：工作签证的持有者在英国工作期间，其配偶和未成年子女也可以申请签证来英国陪同居住。配偶在英国期间可以选择工作也可以选择学习，子女可以在英国接受免费的公立教育或选择私立院校进行就读。

2. 全球人才签证

全球人才签证是在2020年2月份启动的，旨在吸引全球的优秀人才来英国工作。申请人应当是所从事行业的领军人物或是该行业的明日领袖，且所从事的领域是科学、工程、艺术（电影、时尚设计、建筑）。在STEM领域工作的科学家和研究人员可以获得申请的快速通道（详见表20）。

表20　申请全球人才签证的要求/限制

要求/限制	是/否	要求/限制	是/否
·是否对语言有要求	否	·是否有配额限制	否
·是否需要申请费	是	·是否可以在英国境内转为其他签证	是
·是否需要支付医疗保险	是	·是否可以转换成永居签证	是
·是否需要采集申请人的生物信息	是	·是否可以携带家属	是
·是否需要提供资金担保	否	·是否可以从事业余工作	是

该签证每年没有名额限制，只要是以上领域的优秀人才就可以通过申请全球人才签证来英国工作。申请人在支付了医疗保险后，就可享受英国的医疗服务。申请人持有该签证3年或5年后可根据移民法要求申请永久居留权。申请人的配偶和未成年子女也可以随申请人一起在英国生活，配偶可以在英国工作或读书，子女可以在英国就读免费的公立学校或进入英国私立院校就读。

3. 初创签证和创新签证

初创签证（Start-up Visa）适用于那些有创业想法并在英国首次创业的申请人。该签证要求申请人具有创新意识，所开展的企业项目要有可行性，且未来有规模化发展的可能。该签证不需要启动资金。在申请之前，需要由经过批准的机构评估申请人的业务或经营理念。如果申请的创业项目可行，相关机构将提供背书。

申请成功者将获得两年签证，期满后可申请转为创新签证（Innovator Visa）继续发展他们在英国的企业。此类签证不可申请永久居留权，但可以带配偶及未成年子女一起申请。英国一百多所大学几乎都有认证资格，并且社会上的一些授权机构也可以提供背书。每个学校的名额在 10~20 不等。各校都有创业中心可以为自己的学生提供创业辅导和帮助。

初创签证申请条件
1. 申请人必须年满 18 周岁；
2. 已获得授权机构的认可；
3. 英语水平达到 B2 或以上级别（或者取得英语国家的大学本科或以上学历，B2 相当于雅思 5.5 分以上）；
4. 申请前能够证明个人银行账户里有连续足够的生活担保金。

创新签证（Innovator Visa）适用于经验丰富的企业家。它同样需要得到指定认可机构提供的背书。申请人需要至少拥有 50,000 英镑的启动资金，用于投资自己的企业。该签证的持有者不可以为他人工作。申请人也可以带配偶及未成年子女一起申请。该签证首次提供 3 年有效签证，签证到期时可续签 3 年（不限续签次数），满足永久居留条件后可以获得英国的永久居留权。

对于那些之前取得初创签证的毕业生来说，在积累够一定的创业经验和资金的情况下可以转成创新签证，继续留在英国发展自己的企业。

创新签证申请条件
1. 申请人必须年满 18 周岁；

2. 英语水平达到 B2 或以上级别（或者取得英语国家的大学本科或以上毕业证，相当于雅思 5.5 分以上）；
3. 获得指定认可机构提供的签注函；
4. 拥有至少 50,000 英镑的投资资金；
5. 申请前个人银行账户里有足够的生活担保金。

表 21　申请初创签证和创新签证的要求 / 限制

要求 / 限制	初创签证	创新签证
· 是否对语言有要求	是	是
· 是否需要申请费	是	是
· 是否需要支付医疗保险	是	是
· 是否需要采集申请人的生物信息	是	是
· 是否需要提供资金担保	是	是
· 是否有配额限制	否	否
· 是否可以在英国境内转为其他签证	是	是
· 是否可以转成永久居留签证	否	是
· 是否可以携带家属	是	是
· 是否可以从事业余工作	是	否

表 21 是对两种签证的对比，两种签证都需要申请人满足一定的语言要求，相当于雅思 5.5 分的水平。已经在英语国家（如英国、澳洲、加拿大）取得本科以上学历的申请人无须再提供雅思成绩，只要提供毕业证即可。两种签证都可以在英国境内转成其他签证，且都可以携带家属，区别是初创签证不可以申请永久居留权，而创新签证的持有者在满足一定要求后可以申请英国的永久居留权。

第三节 来英国访问的签证

> 本小节介绍亲朋好友来英国探望、参加毕业典礼或旅游用的标准访问签证，具体内容包含签证要求、申请材料以及在这个签证下可以做什么和不可以做什么。另外，本小节还介绍短期学习签证，因为新的签证政策把该类签证归类在访问签证类别下。在本小节你可以了解到短期学习签证的申请要求、申请材料，小节最后还提供一些如何提高签证成功率的建议，希望对大家有所帮助。

1. 标准访问签证

父母、亲戚或好友如果想来英国看望正在读书或工作的你，就可以申请标准访问签证（Standard Visitor Visa），平时来英国旅游的游客也可以申请该类签证。

该签证基础长度为 6 个月，申请人在来英国前的 3 个月就可以开始申请，大部分申请会在 15 个工作日内得到回应。如果申请人有长期往来英国的需要，也可以申请长期访问签证，时间有 2 年、5 年和 10 年可供选择。不过签证时间越长，需要提供的资金证明数额也就越大。如果之前没有多次往返英国的记录，也有被拒签的风险。

持有访问签证的申请人不可以工作、不可以注册结婚、不可以获得私人医疗服务和政府救济，但是可以进行长度不超过 30 天的学习，比如就读语言课程或其他短期课程。关于需要提供的材料，因申请人和被访问人的情况不同而有所不同，下面列出了一些需要的主要材料，仅供参考。

访问签证材料列表
1. 护照＋签证照片；
2. 签证申请表；
3. 邀请函（本章最后附有邀请函样本）；
4. 资产证明：证明可以支付在英国期间的费用；
5. 关系证明：证明申请人与被访问人的关系；
6. 行程安排：去哪里，住哪里；
7. 申请人的工作或学习证明；
8. 被访问人的护照＋签证复印件；
9. 被访问人在英国的相关文件；
10. 其他辅助证明。

2. 短期学习签证

短期学习签证适用于来英国就读短期课程的学生，如短期英文学习、学生冬（夏）令营、短期培训等。越来越多的学生申请该签证来英国参加冬（夏）令营，初步体验一下英国教育，以确定将来的留学目的地。还有一些成年学生来英国进行短期进修以增加自己的职场竞争力。

在该签证类型下学生不可以工作，只可以专心学习；也不可以在英国续签签证，课程结束后想就读其他课程必须回国重新办理签证。该签证有两种：6个月的签证和11个月的签证，学生可根据课程长度和类型选择不同的签证。当然签证有效期越长，签证申请费就越贵，需要提供的资金证明也越多。

需要申请短期学习签证的学生，可以按照如下列表准备签证材料。该签证的通过率并没有普通学生签证的高，要通过该签证的关键点是：1. 有足够的资金支付在英国短期学习的费用；2. 能够充分证明在英国进行短期学习的必要性；3. 课程结束过后目标是回国而无意在英国继续逗留。

短期学习签证申请材料
1. 护照； 2. 签证照片（35mm×45mm）； 3. 签证申请表； 4. 英国学校邀请函/课程通知书； 5. 肺结核检测证明——针对居住在中国并且申请赴英停留超过6个月的申请人； 6. 银行流水/存款证明——证明有足够的资金支付整个行程的费用； 7. 目前工作或学习的证明文件； 8. 其他辅助证明。

本章小节：

　　本章介绍了与留学生息息相关的各类签证，学生可以根据自己不同阶段的需要进行选择性阅读。想要成功取得英国签证，请注意如下关键点：1.根据需求选择适合自己的签证类型，之前就有学生因为选错签证类型而遭到拒签的情况；2.按照签证要求仔细准备材料，其中比较重要的是资金证明材料；3.向签证官员表明自己申请签证的目的非常明确，且一定会在签证到期之前回国。

　　学生在准备签证材料的时候，要提供给签证官最核心有效的材料，而不要提供一堆看不出重点的材料。即使不小心被拒签了也不要慌张，只要弄清楚被拒签的原因并重新组织材料再次递交就好了。

附：邀请函样本

Sample Invitation Letter

To whom it may concern:

Re:Mr.xxx(D.O.B:xx/xx/xxxx) & Mrs. xxx(D.O.B:xx/xx/xxxx)

Application for family visitor

I am writing to confirm that the above named are my parents and I would like to invite them to visit me in the United Kingdom from 20th June till 15th July 2020. The purpose of their visit is for a short holiday.

I confirm with this letter that I am going to cover their travel cost and expense during their visit in the UK. Their accommodation has arranged with xxx Hotel and please refer to hotel reservation confirmation email. I would be very grateful if you would grant their visitor visa so that they can visit me shortly.

Enclosed supporting documents:

1. passport copy 2. pay slips x 3 months 3. bank statement 4. hotel reservation 5. work certificate 6. marriage certificate

Please do not hesitate to contact me if you need any further information regarding to this application.

Yours faithfully,

xxx

Tel：0044xxxxxxx

Email：nonexxxx@hotmail.com

第六章 行前准备

本章导读

本章将向学生和家长介绍出国留学前需要做哪些准备。首先介绍学生和家长最关心的住宿问题——是选择学校住宿、寄宿家庭还是自己租房,如何申请各类住宿及其注意事项;接下来介绍需要携带的文件和物品——如何携带外汇出境,入境的时候学生会被签证官员问及哪些问题;如何预订机票、安排接机,航空公司对携带的行李都有哪些规定以及怎样准备出国体检等。

第一节 住宿申请

除了院校选择和申请以外，住宿是中国学生和家长关心的另一个大问题。学生在来英国前，就需要把住宿申请好。学生既可以选择学校住宿、寄宿家庭，也可以选择校外住宿。学校优先保障国际学生对住宿的申请，年龄比较小的学生可以选择寄宿家庭，而在英国有一定生活经验的学生会选择自己在校外租房。各种类型的住宿各有优缺点，价格和申请方法也有所不同，下文会具体介绍。

1. 学校住宿

学校住宿(University Accommodation)是新生普遍选择的一种住宿方式，通常学生在第二年对英国和周围的环境都比较熟悉后才会选择校外住宿。而且大学为国际学生提供第一年的住宿保障，让新来的学生没有后顾之忧。

那么英国学校住宿是什么样子的呢？与国内大学4~6个人同住一个房间的情况不同，英国大学的住宿都是每人一间卧室的，有可能自带厨房和卫生间，也有可能与其他几个学生共用。根据共用空间的不同，英国大学的住宿分为以下几种类型：

Studio：自带卫生间、自带厨房；
En-suit：自带卫生间、公用厨房；
Standard：公用卫生间、公用厨房。

> **Tips**
> **Catered 和 Self-catered**
> Self-catered 是需要自己做饭的住宿类型，而 Catered 会提供早晚两餐。

★ 优点

住在学校里可以认识很多来自不同国家和文化背景的人，而且还可以迫使自己练习英文，学生宿舍比较热闹、有人气，大家可以在寝室里举办各种聚会(Party)。学校住宿设施齐全，可拎包入住，任何东西坏了都可以直接跟学校讲，而且不用担心水电费账单（Bill）的问题。公共区域会有专人负责清洁，比较适合懒惰的国际学生。学校住宿的位置便于学生上下学，而且方便老师与学生一起上下课并探讨问题。

★ 缺点

Self-catered型住宿需要自己下厨，对于不会做饭的学生是个挑战；Standard和En-suit的住宿需要与别人共用厨房，所以要与其他小伙伴协调好使用时间；有些住宿需要与其他人共用卫生间，有洁癖的学生可能会觉得不太方便；如果选择Studio，由于厨房和卧室是一体的，所以房间里很可能永远飘荡着一股饭香，而且自己一个人住久了会有种孤独的感觉。

★ 价格

学校住宿价格从90~180英镑/周不等，取决于住宿类型和住宿所在地点，学校的三种住宿类型中，Studio型的住宿最贵，Standard型的住宿最便宜。从地点上来说，伦敦的住宿比其他城市贵，市中心的住宿比在郊区的住宿贵。

★ 申请

学校住宿可以在学校的网站上直接申请，通常在学生取得录取通知书后的一段时间之内，学校就会发送关于住宿信息的邮件给学生，问他们要不要申请学校住宿，如果需要的话学生可以按照网络申请系统的要求一步一步进行填写和选择。在申请前，学生要到学校网上查看住宿的相关信息，确定好类型、价格和距离学校的远近后再进行申请。

2. 寄宿家庭

寄宿家庭（Homestay）就是居住在当地人的家里，这种住宿方式可以更好地体验当地人的生活并得到适当照顾。通常年龄比较小的学生会选择寄宿家庭，而且多数家庭会提供早晚餐，是不会做饭的学生的福音。从人数上来说，可以是只有学生自己寄宿在主人家里，也可以是几个学生一起寄宿在主人家里。如果学生运气比较好，遇到比较友善的寄宿主人的话，周末还可能带你一起出去玩儿，并让你参与很多家庭活动。

★ 优点

　　住寄宿家庭最大的优点是可以帮助学生更好地了解当地文化，融入英国普通家庭的生活，了解他们如何度过各种节假日、有怎样的生活习俗、看什么样的电视节目、对当前的时事有什么样的看法。住寄宿家庭还可以帮助学生提高英文水平，因为你只能用英文来沟通，在这种自然的环境下，你的口语、单词量等会在不知不觉中快速提高。

★ 缺点

　　寄宿家庭通常提供早晚餐，但是很可能会不对学生的胃口。英国早餐通常是鸡蛋、牛奶、面包、麦片等，晚餐会根据家庭的不同而有所不同，学生只能跟着大家吃，不像在国内，家长们会根据孩子的口味准备各种美食。另外的缺点是，寄宿家庭管理比较严格，通常会规定学生在几点之前要回家，而且每个家庭都有自己的生活作息时间，因此要尊重人家的生活习惯。

★ 价格

　　寄宿家庭的价格比其他住宿类型高，因为多数含早晚餐，而且有的家庭还有额外的照顾。

★ 申请

　　有些寄宿家庭是跟学校有协议的，这种相对保障更大一些。学生可以向学校索要一下寄宿家庭的名单。如果学生所在的学校没有合作的寄宿家庭，可以到一些专门提供寄宿家庭服务的网站上进行申请，有些是要求把寄宿费直接付给家庭，而有些是要把寄宿费付给第三方网站。

　　申请寄宿家庭的网站：

http://www.homestayfriend.com

http://www.uk-homestay.com

http://www.Homestayinternational.com

3. 自己租房

很多学生在第二年后会选择自己租房（Rend a flat or house）。背后的原因多种多样：有的学生是因为想与比较要好的朋友一起住；有的学生是因为不喜欢寄宿家庭和学校住宿的管理，想换换环境住得更自由一些；有的学生是想节省一些费用；有的学生则是想居住在环境和条件更好的地方。

校外租房有很多种选择：有的学生租住公寓（Flat）；有的学生租住别墅（House）。公寓的居住情况与国内的楼房住宅差不多，通常住宅内有 2~4 间卧室不等，大家共用厨房和客厅，有的卧室会有独立的卫浴，有的需要与其他房间的人共用卫生间和浴室。在英国住 House 是更普遍的情况，基本上都是 2~3 层的联排别墅，一层或二层通常为厨房和客厅，二层和三层是卧室，一个别墅里面会有 3~5 间不等的卧室，可以几个学生分租下来共同居住。

★ 优点

校外租房的选择非常多，学生可以自由地选择地理位置、价格、房间条件以及室友。学生可以购买各种喜欢的东西进行装饰，有些房东还允许租客养宠物。学生会有更自由的作息时间，亲朋好友来探亲的时候也可以居住。总之，就是选择性大，比较自由和灵活。

★ 缺点

自己租房的缺点就是租客要操心很多事情，水电费账单（Bill）、宽带（Broad Band）、市政税（Council Tax）等各种事宜都需要自己处理。而且要跟房东或中介打交道，多数房东和中介还是靠谱的，就怕遇到黑中介和不靠谱房东，那学生在英国的学习生活就会变得相当不愉快了。还有就是要学会如何与室友相处，因为居住的距离近了就难免会有一些小矛盾。

★ 价格

在校外租房的价格一般由这几部分构成：押金 + 房租 + 水电费账单 + 中介费 + 家具费 + 市政税。校外租房要先交付 1~2 个月的押金 + 第一个月的房租，以后房租按月支付；有些房间是含水电费的，有些则要额外支付；如果找中介租房的话，每人要支付 100~200 英镑不等的中介费用；如果是学生租客的话可以免去市政税，只要到学校开具相关证明递交给市政服务机构就可以。

★ 申请

寻找校外住宿有多种途径，可以通过网站、报纸广告，可以靠朋友们介绍，也可以利用中介来帮忙寻找。找房子的时候一定要看好住宿条件和环境，而且一定要与房东或中介签订好合同，在没有签字前不要交付任何费用。通常租房合同的期限为 6~12 个月，到期后如果双方合作得愉快可以再续签。如果房客想退租，需要提前一个月通知房东；如果房东想解约，要提前两个月通知房客。表 22 中提供了租房广告的常用语，供大家参考。

表22　英国租房广告常用语

英文缩写	译文	英文缩写	译文
p/w	每周	p/m	每月
p.p.	每人	m/f	男/女
n/s or ns	不吸烟者	Excl	除外
Incl	包括	Furn	含家具
Unfurn	不含家具	dep.and ref.	押金和推荐信
Ch	中央暖气	Gch	煤气中央暖气
Ech	电式中央暖气	w/m or w/mach	洗衣机
k&b	厨房与卫生间	nr. BR	靠近地铁
Dg	双层窗户	o.n.o	最低价

来源：Education UK（旅英指南）

4. 临时住宿

有些学生打算提前几天到英国，在正式开学以后再寻找长期住宿，那么就可以先预订临时住宿（Temporary accommodation）。这些学生可以选择青年旅馆（Youth Hostel），价格为每晚 10~20 英镑不等。住宿条件通常是 6~8 人在一个卧室（分上下铺），共用卫浴和厨房，也有公共活动区域。有些学生想住得稍微好一些，可以选择 B & B（Bed & Breakfast），该临时住宿类型含早餐。这些住宿都可以帮助学生解决短期住宿问题。学生在欧洲旅游的时候，也可以选择这种经济实惠的住宿，本书"9.2 行在英国"中会详细介绍旅行时候的住宿选择。

青年旅馆协会（Youth Hostel Association）网站：

http://www.yha.org.uk

综上所述，学校住宿是新生的首选，可以帮助学生结交各路好友，体验国外的大学生活；而住在寄宿家庭，价格相对较贵，但是能够帮助学生更好地了解当地生活和融入英国社会；校外住宿选择多样，更加灵活，但是遇到的困难和需要解决的问题也会更多，学生需要学会跟形形色色的人打交道。毕竟身在国外，学习的不仅仅是专业知识，也是要经历不同的事情，这样才有更丰富多彩的人生。总之，学生可以根据不同阶段的需要，选择适合自己的住宿类型。

第二节 整理行囊

1. 准备行李

对于第一次出国学习的学生来说,可能觉得有很多行李需要携带。但如果你向一些在国外生活多年的人咨询出国前建议携带的物品的时候,他们会开玩笑地说:"只需要三样东西:护照、钱和本人"。因为随着国际物流的发展,你需要的生活和学习用品都可以在英国买到,只不过是新来的学生不知道在哪里可以买到合适的产品而已,而且有些产品价格比国内高。基于这种情况,表23 给大家列出了首次出国需要携带的物品清单:

表23　首次出国需要携带的物品清单

序号	类别	名称
1	重要物品	护照、签证及其复印件 3~5 份 签证申请(打印出来 3~5 份) 学历证明、成绩单、雅思成绩单(学校需要复查) 体检证明(入境的时候入境官员可能会要求出具) 英镑零钱(以备急用) 护照型照片(准备 10~20 张,英国照相比较贵,证件照 5~7 英镑/张)
2	衣物	袜子、内衣裤(建议多带点) 防水外套 毛衣/羊绒衫(自选) 保暖内衣 羽绒服/棉外衣(英国的冬天还是比较阴冷的) 运动服(喜欢运动的学生要带上运动服) 游泳装备 黑皮鞋、白色或黑色衬衫、黑裤子(餐馆打工三件套) 西服、小礼服(一些场合可能用到,有备无患) 备注:衣物建议少量携带,因为在英国可以买到价格公道质量又好的。

（续表）

序号	类别	名称
3	生活用品	牙膏、牙刷、洗发水（携带一周的量，之后可以去超市购买） 浴巾、毛巾（可以多带几条，英国的比较贵） 针线盒（适合比较细致的学生） 梳子 被罩、床单、枕套（最好两套，可以随时换洗） 备注：护肤品、化妆品可以去国外之后再购买，价格便宜、物品正宗
4	电器	笔记本电脑 转换插头（国内插座和国外插座不一样） 移动硬盘（做作业的时候会用到） 充电宝（国内卖的比较便宜） 录音笔（可以记录下老师的讲课内容） 电吹风/剃须刀（男生和女生） 照相机/摄像机（自选）
5	学习用品	眼镜（可以准备2副） 隐形眼镜、药水（在英国买隐形眼镜是需要出示验光单的） 各种文具（英国文具比较贵，可以多准备一些） 字典（虽然人们平时习惯使用电子字典，但是考试的时候只能携带纸质字典） 专业的中文书籍（用来恶补你的专业知识） 双肩背包
6	厨房用品	中国调料（中超也有卖，但是价格比较贵） 简易餐具（筷子、勺子） 电饭煲（留学生必备） 榨菜、方便面（刚下飞机的时候可能需要） 其他厨房用品（自选）
7	常用药品	感冒药、退烧药、消炎药、败火药、胃药、止泻药 外用药：云南白药、皮炎平、红霉素眼膏、眼药水 体温计、创可贴、

（续表）

序号	类别	名称
8	小物品	剪子、指甲刀 瑞士军刀 保温杯 雨伞 中国特色小礼物

总之，出国留学携带的物品越简单越好，一个是因为航空公司有行李重量的规定，另外就是很多物品都可以在英国买得到。学生可以携带一些在英国不方便买到、价格差比较大或抵达英国初期需要用到的一些物品。比如：衣物和化妆品尽量少带，因为英国可以买到性价比更高的；常用药品一定要携带，以备不时之需；喜欢做饭的学生可以携带电饭煲和中国调料；其他物品可以根据学生的需要选带。

2. 携带外汇

当学生取得签证后，接下来要考虑的事情就是如何携带学费和生活费来英国。生活费是必须自己想办法携带的。在取得签证前，学生已经交付了一部分学费，剩余学费可以选择临行前汇款给学校，也可以选择在抵达英国后再支付。如果学生需要携带外币来英国的话，请参考如下携带外币的方式。

★ 现金携带

国家外汇管理局对出国外汇现金携带有明确的规定：出境时可以携带5,000美元以下等值外币现金；携带5,000~10,000美元等值外币需要到银行开具外汇携带证明；而携带10,000美元以上需要到外汇管理局开具外汇携带证明。学生携带大量外汇现金不太方便也不太安全，所以建议大家携带少量现金和零钱在身边，更多外币可以通过其他途径携带。一般第一次出国携带1,000~2,000英镑足够前几周的生活费就可以了，因为之后大家就会有英国银行账户可以使用了。

★ 汇款

　　汇款分为电汇和汇票两种形式：汇款速度比较快，国际汇款 3~5 天就可以到账，但是费用比较贵，收款人需要在英国有个银行账户。通常学生交付学费或家长给学生生活费的时候多采用这种方式。汇票手续费比电汇便宜很多，学生可以携带汇票出境，抵达英国后，选择合适的银行开立银行账户然后再把汇票存入银行，由银行兑现或托收。这种方式比较慢，但是相对安全，汇票万一丢失也可以挂失，不会有经济上的损失。大家可以根据自己的情况酌情选择。

★ 旅行支票

　　在国外，支票也是人们常使用的一种消费工具，而国内的个人消费很少使用支票。英镑旅行支票在某些场合可以像现金一样使用，但是手续费高。学生抵达英国后，可以在银行兑换当地现金或直接存入，在接受旅行支票的商店也可以直接当现金使用。兑换时有的银行会收手续费，有的银行会免费，所以学生可以在网上提前查好免费兑换点。旅行支票比现金安全，如果丢失可以凭借初签，申请补发。

★ 国际信用卡

　　还有一部分学生会选择国际信用卡进行消费，国际信用卡有多种额度，学生可以直接在国外消费，累积积分。一些小留学生的家长在国内申请主卡，学生申请附属卡，可以随时掌控学生的消费情况。如果学生缺钱，家长可以在卡上直接存钱，学生就可以在境外使用，免除了国际汇款的麻烦和手续费。目前国内的一些银行直接提供以英镑进行结算的国际信用卡，免除了汇率转换的损失。

　　综合以上几种外币携带方式，电汇比较快但是手续费比较高；汇票比较经济实惠；携带大量现金不方便、不安全，而且还面临外汇管制；旅行支票多数学生可能比较陌生；使用国际信用卡更适合年龄比较小的孩子，方便家长监管孩子的消费情况。如上几种外币携带方式各有利弊，请学生和家长根据自己的实际情况进行选择，可以采取一种方式，也可以同时采用几种方式。

3. 入境文件

学生在出发前，首先应确保入境文件已经办理齐全，这些文件包括：

– 办好签证的有效护照

– 赴英机票

– 学校出具的签证函

– 学历证明、成绩单及其翻译件

– 在英住宿相关文件（如适用）

学生在抵达英国时需要把以上文件出示给入境官员，为了方便出示，可以将入境文件放在随身携带的手提行李包中。而且重要文件要有备份放在不同的行李箱里，以防丢失。入境时要填写入境卡片，卡片可以在飞机上拿到，也可以在入关排队时领取，入境时需要把填写好的卡片交给入境官员。

入境的时候，入境官员还会问学生一些简单的问题，常见问题如下：

1. Why do you come to the UK?
2. Which city do you intend to go?
3. Which University/school will you study in?
4. How long will you stay in the UK?
5. What kind of course will you join in/take/participate in?
6. Why do you want to study this course?
7. What do you intend to do once you finish the course?
8. Who will pay for your expense in the UK?
9. What is the cost for you to study in the UK ?（including：tuition fee, living expense）
10. Please show me your Passport/COS Letter/IELTS Certificate.

以上问题都比较简单，初次来英国的学生不要紧张，只要自然应对、从容回答都可以顺利通过。如果没有听清楚入境官员的问题，可以要求他们重复。

第三节 准备出发

1. 机票预订

预订机票也是一项需要技巧的事情，淡季和旺季的机票价格会有很大差异。中英机票的旺季在暑假、圣诞节和复活节的时候，这时候预订机票的人比较多，价格也相对较高。机票越是提前预订就越便宜，如果临近出发的日期再预订机票的话，就只能买全价机票甚至买不到机票了。

预订机票的途径有多种，可以去航空公司直接预订、在机票代理处预订或通过旅行社预订。通过机票代理和旅行社预订比较省心，你只要把出发日期和目的地告诉他们，他们就会帮你选择性价比最高的机票。如果直接在航空公司预订的话，需要比较了解航空公司的航线，进而选择适合的航空公司预订机票。提供中英航线的主要航空公司如下：

- 中国国际航空 Air China（希思罗 T3 航站楼停靠）

- 中国南方航空 China Southern（希思罗 T4 航站楼停靠）

- 中国东方航空 China Eastern（希思罗 T4 航站楼停靠）

- 英国航空 British Airways（希思罗 T5 航站楼停靠）

- 维珍航空 Virgin Atlantic（希思罗 T3 航站楼停靠）

- 新加坡航空 Singapore Airlines（新加坡转机）

- 法国航空 Air France（巴黎戴高乐转机）

- 荷兰皇家航空 KLM（阿姆斯特丹转机）

- 汉莎航空 Lufthansa（法兰克福/慕尼黑转机）

- 瑞士航空 SWISS（苏黎世转机）

- 阿联酋航空 Emirates（迪拜转机）

• 土耳其航空 Turkish Airlines （伊斯坦堡转机）

开通英国航线的中国航空公司主要有国航、南航、东方航空，国航的机票价格会比南航和东方航空稍微贵一些；英国的两家航空公司貌似是自动划分好了市场，维珍航空主要飞往中国上海，而英航主要飞往北京（备注：英航在希思罗机场有专用航站楼 T5，以显尊贵）；乘坐其他航空公司航班则需要从第三国转机飞往英国：如荷兰航空在阿姆斯特丹转机，德国汉莎航空在法兰克福或慕尼黑转机，阿联酋航空公司需要在迪拜转机等。转机机票会比直飞便宜一些，而且还可以顺便领略一下第三国风采。

> **Tips 舱位等级**
> Economic Class 经济舱
> Business Class 公务舱
> First Class 头等舱

由于飞机是个寸土寸金的地方，所以对托运行李的重量和尺寸都会有严格的限制规定。关于体积：手提行李长 + 宽 + 高小于等于 115cm，托运行李长 + 宽 + 高小于等于 158cm。关于行李重量：手提行李一般在 10 公斤以下，托运行李要看乘客购买的座位等级，通常经济舱要求托运行李的重量小于等于 23kg，如果超重需要罚款。表 24 中列出了主要航空公司对行李重量的要求和增加一件行李需要额外付出的费用。如果是学生签证的话，可以在免费托运行李之外再增加一件行李，学生只要凭借学生签证向航空公司申请就可以。

表 24 航空公司行李托运规定

航空公司	免费托运	额外增加一件行李
中国国际航空	经济舱允许 1 件（不大于 23kg） 豪华经济舱允许 1 件（不大于 32kg） 商务舱头等舱允许 2 件（分别不大于 32kg）	不超过 23kg：人民币 450 元（约 70 美元） 24~32kg：人民币 1,000 元（约 150 美元） 33~45kg：人民币 2,000 元（约 300 美元）
中国南方航空	经济舱允许 1 件（不大于 23kg）的托运行李 豪华经济舱允许 2 件（分别不大于 23kg）的托运行李 商务舱允许 3 件（分别不大于 23kg）的托运行李 头等舱和豪华头等舱允许 3 件（分别不大于 32kg）托运行李	不超过 23kg：人民币 450 元
英国航空	经济舱：1 件（不大于 23kg） 豪华经济舱：2 件（不大于 23kg/件） 商务舱和头等舱：3 件（不大于 32kg/件）	经济舱 提前网购（55 英镑） 机场购买（65 英镑） 豪华经济舱/头等舱 提前网购（120 英镑） 机场购买（140 英镑）
维珍航空	经济舱：1 件（不大于 23kg） 豪华经济舱：2 件（不大于 23kg/件） 头等舱：3 件（不大于 32kg/件）	提前网上购买：120 英镑/件 机场当场购买：140 英镑/件
阿联酋航空	经济舱 30kg 商务舱 40kg 头等舱 50kg	不按件购买，按重量购买 ≤5kg：123 英镑 ≤10kg：245 英镑 ≤15kg：368 英镑 ≤20kg：490 英镑 ≤25kg：613 英镑

2. 安排接机

初到英国的学生人生地不熟，通常需要接机服务。在主要的开学日期，学校会设置几个免费接机日，如果学生在其他时间到达就需要额外安排付费的接机服务了。方法很简单，学生只要把自己到达的时间和航班号发送给学校就可以，关键是你一定要保存好接机人的联系方式和学校的紧急联络方式，以备不时之需。

如果学校不能在学生抵达的日期提供接机服务，学生可以选择一些校外的接机公司，但是要选择一些有诚信有口碑的公司；人品比较好和交友比较广泛的学生，也可以麻烦已经在英国的朋友来接机；有丰富的海外旅游经验的学生，也可以直接在机场打车抵达学校和住宿地点，关键是要准备好学校或住宿的地址。

3. 出国体检

说到出国体检，就一定要提到肺结核检测（Tuberculosis Tests，简称 TB Test）。自 2013 年 12 月 21 日起，如果你在英国停留时间超过 6 个月以上，则需要在办理签证的时候递交 TB 检查证明，TB 检测不合格或在签证的时候不递交 TB 检测证明会导致签证被拒签。肺结核检测证明有效期 6 个月，所以大家要安排好时间，在 TB 检测证明有效期内递交签证。更多关于 TB 检测的信息请查看 GOV.UK 的网站，关于肺结核检测的页面（https://www.gov.uk/tb-test-visa）。

本章小结：

本书上篇从介绍英国教育制度开始，向学生和家长们深入浅出地介绍了如何选择英国院校和专业，各个年龄段的学生如何选择留学计划。接下来介绍了如何申请英国大学和中小学，取得学校录取通知书后如何申请英国签证和注意事项，以及出国前都要做哪些准备。相信通过以上的指导，学生已经拿到了学校录取通知书，取得签证，整理好行囊准备出发了。那么，让我们一起扬帆起航，准备面对全新的英国留学生活吧。

第七章 初抵英国

本章导读

在经过前期一系列的准备过后,学生满心喜悦来到陌生的国度,未来会面对很多挑战和未知的领域。为了帮助学生尽快适应在英国的学习和生活,本章将介绍如下内容:来英国以后应该进行哪些必需的注册;在英国如何选择银行和进行开户;怎样选择合适的通信公司购买手机卡或手机;以及普及一些中英文化差异的知识,帮助学生更快地融入英国社会并开始自己崭新的留学生活。

第一节 各项注册

1. 学校注册

　　学生在抵达英国后的第一件事情就是到学校报到注册,学校会统一安排报到注册时间。学生在报到注册日主要做以下几项事情:1. 向学校出示学历证明、雅思成绩单等材料原件,因为之前申请学校的时候提供的都是材料扫描件;2. 交付剩余学费,当然学生也可以选择分期付款,但是很多学校一次性支付学费会有5%的学费优惠,何乐而不为呢;3. 学校会发放学生卡,学生从此就可以在英国享受各种学生优惠啦!关于学生卡都有哪些优惠和福利,会在本书第九章生活在英国中具体陈述。

2. 警局注册

　　英国专门负责签证和移民事务的部门UKVI规定,初次抵达英国并且停留六个月以上的人,在抵达英国7日内要到当地警局办理登记注册手续。很多院校也会邀请警局工作人员到学校统一组织注册,如果你错过了统一注册时间,就需要单独到当地警局进行注册了。学生登记时,需要携带护照、录取通知书、住址证明和34英镑注册费,注册后学生会得到一张警局注册信(Certificate of Registration)。学生要注意保管这张注册信,每次更换住址的时候,都需要去附近警局登记新地址并在注册信上盖章。将来在续签和申请新的签证的时候,目前的住址要与注册信上的地址一致。

3. 医生注册

　　在异国他乡最怕生病,还好英国比较完善的国民医疗保健系统(NHS)对国际留学生开放。每个来英国的留学生都需要注册一个GP(General Practitioner,全科医生)。在英国,一般病痛人们不会直接去医院,而是先联系居住区域附

近的 GP，如果 GP 解决不了，才会给你安排去医院检查甚至是住院。通常学校不会统一安排 GP 注册，学生要自己寻找距离住址最近的 GP 进行注册。

那么 GP 如何寻找呢？

首先，请登录 NHS 的官方网站选择"寻找全科医生服务"（Find a GP Service）。然后，输入自己住址的邮编（Postcode），这样居住区域附近的所有诊所就会出现在网页上（如图 7 所示），而且会附带之前患者对 GP 诊所的评价。学生可以选择距离自己比较近，方便抵达而且口碑比较不错的 GP 进行注册。学生在去之前，要先打电话询问 GP 诊所是否接纳新病人（Do you take new patient?），然后预约好时间进行注册。GP 诊所只在周一到周五工作，所以学生要安排好时间。

图 7　NHS 官方网站页面

注册时需要携带护照、签证和地址证明。工作人员会让学生填写注册表格，包含个人基本信息、有无其他病史等。请学生如实填写，这是对自己的负责。表格上也会出现一些生僻的专业词汇，请自备字典。注册过后的 1~2 周学生会收到一份邮寄的信件，上面会给出学生的全科医生的姓名和联系方式，还会有你的 NHS 号码，请学生妥善保存这个号码，该号码对应着注册人在英国的所有健康信息。学生在更换居住地以后，需要重新注册一个 GP，这时候需要把已经取得的 NHS 号码提供给新的 GP，新的 GP 就会有注册人之前在英国的所有就医信息，非常方便。

4. 使馆注册

当学生在抵达英国并注册为正式学生后，需要向中国驻英大使馆教育处登记报到。在英国正规的高等院校就读、科研机构进修、参加学术访问、攻读学位为期六个月以上的留学人员，抵达后应尽快登陆 srs.moe.edu.cn 网站进行登记注册。注册非常简单，只要填写个人基本信息和就读课程信息就可以。在抵达英国后，向中国大使馆进行注册非常重要，只有进行过使馆注册的学生，回国后"海归"的身份才会被承认。在学成归国后，可凭借注册向中国使馆教育处申请办理《留学回国人员证明》。凭借证明还可以享受回国后在购车、落户、创业方面的优惠政策。

第二节 银行开户

学生在抵达英国以后，很重要的一件事情就是开立英国银行账户，原因如下：学生携带的现金、汇票或旅行支票需要尽快存起来；英国消费主要以刷卡消费为主，即使是路边很小的超市都提供刷卡服务；还因为有英国账户以后，银行就可以出具对账单（Bank Statement），这个对账单可以作为地址证明，是学生申请其他国家签证的必要材料；说得更远一些，有些学生将来会考虑继续在英国工作或定居，开立英国账户，积累良好信用记录是很重要的。

1. 选择银行

如何选择适合自己的银行开立账户，还是需要学生做一些功课的。首先来介绍一下英国的主要银行，英国本土的银行主要有汇丰（HSBC）、巴克莱（Barclay）、劳埃德（Lloyds TSB）、苏格兰皇家银行（The Royal Bank of Scotland，简称RBS）、西敏寺（Natwest）等。其中Natwest和RBS同属于一个集团：苏格兰皇家银行集团（The Royal Bank of Scotland Group plc）。

此外，近几年崛起的比较快的外国银行包括：西班牙的桑坦德银行（Santander）、爱尔兰的爱尔兰银行（Bank of Ireland）、印度的印度国家银行（State Bank of India）等。当然，我国的中国银行（Bank of China）和中国工商银行（Industrial Commercial Bank of China）也在英国设有分行。近些年，一些零售商也纷纷开起了银行，例如乐购银行（Tesco Bank）和玛莎银行（M&S Bank），就连大名鼎鼎的哈罗德百货（Harrods）也开起了哈罗德银行（Harrods Bank）。如此种类繁多的银行，为学生提供了很多选择。

如果学生是第一次在英国开立银行账户的话，选择一些比较大的、在英国网点比较多的银行会更方便一些。表25列出了六家在英国的主要银行并附加了银行的简要介绍，可作为学生选择银行开立账户时的参考。

表25 英国的主要银行

银行名称	简要介绍
HSBC（汇丰银行）	– 英国第一大银行； – 在英国有 1,500 多家网点，主要集中于英格兰和威尔士； – 在北上广深等大城市有网点，主要服务拥有 50 万以上存款的高端客户，学生在国内的时候就可以预先开立英国银行账户； – 业务广泛，服务不错。
Barclays Bank（巴克莱银行）	– 在英国有 1,700 多家网点； – 在国内的渣打银行和光大银行可以预先开立英国银行账户； – 业务广泛，服务不错。
Lloyds TSB（劳埃德TSB银行）	– 在英国有 632 家网点； – 在北京有分支机构； – 服务态度和口碑在留学生中不错。
RBS（The Royal Bank of Scotland）（苏格兰皇家银行）	– 在英国有 700 多家网点，主要分布在苏格兰地区，在苏格兰读书的学生大多选择这家银行； – 在北京有代表处。
NatWest（国民西敏寺银行）	– 在英国有 1,600 多家网点； – 目前在中国大陆没有分行； – 与 RBS 隶属于同一集团。
Santander（桑坦德银行）	– 在英国有 1,300 多家网点； – 在北京有代表处； – 源自西班牙的银行。

学生在选择银行的时候可参考如下因素：

1. 每个月是否有手续费

有些银行需要收取每个月 5~10 英镑不等的手续费，以提供一些附加服务，而有些银行是免手续费的。比如：巴克莱银行、国民西敏寺银行。学生可以根据自身情况选择。

2. 国际汇款手续费

有些学生的父母会分批次把生活费汇过来，如果选择可以免国际汇款手续费的银行，就可以节省一笔不小的开支。例如，汇丰银行网上汇款免费；桑坦德银行免国际汇款手续费。

3. 网点分布情况

学生在选择银行的时候，记得要选择一家网点众多、方便办理业务的银行。比如在苏格兰的学生通常会选苏格兰皇家银行，而在英格兰的学生大多会选劳埃德 TSB 银行、巴克莱银行和国民西敏寺银行。除此之外，学生还要看自己经常活动的地区有哪些银行，这样方便取款和办理业务。

4. 出境刷卡手续费

很多银行卡在国外取款是免手续费的，而有些银行是要额外收取少量手续费的。比如在欧洲其他国家消费时，苏格兰皇家银行规定每次取款都要额外收取 1 英镑的手续费。学生可以根据自己外出旅游的次数进行选择。

5. 注意事项

为了吸引留学生开立账户，一些银行会制定一些鼓励留学生开户的小政策，比如赠送小礼品、免国际转账手续费、赠送旅行保险等。但是请大家不要被这些小恩小惠迷惑，还是要看自己的需求。

2. 开户材料

如果学生选好了心仪的银行，就可以准备如下材料开户了：

身份证明（Identification）

学校开具的银行信（Bank Letter）

在英地址证明（Proof of Address）

英国银行开户需要提供的材料比较简单：身份证明就是学生的护照和签证，其他可以用作身份证明的包括：警察局注册信、英国驾照或临时驾照；银行信是学校出具给银行的证明信，学生可以到学校的学生服务部门（Student Service Department）开具，上面包含了学生的个人基本信息、就读课程名称、课程起止时间等；在英地址证明其实有很多种，但是初来英国的学生，能提供的就只有住宿合同或学校的证明信了。

> **Tips**
>
> **银行账户相关知识**
>
> Cash Card（现金卡）：可以从银行 ATM 机提取现金；
>
> Debit Card（借记卡）：可以直接提取现金和在商店里消费；
>
> Credit Card（信用卡）：在英国居住一段时间后，信用良好的学生可以申请英国信用卡，用于日常消费或提现；
>
> Current Account（现金账户）：用于存款（Deposit）、取款（Withdraw）、日常消费，通常利息较低或没有利息；
>
> Saving Account（存款账户）：存款有利息，存款账户上的资金需要转到现金账户以后才能用于日常消费和取款；
>
> Overdraft（透支）：有些银行账户是有一定的透支额度的；
>
> Bank Draft（汇票）：主要用于汇款，之前的章节介绍过；
>
> Bank Transfer（汇款）：如家长给学生汇学费和生活费；
>
> Bank Statement（银行对账单）：这个在英国经常会用到，可以当作地址证明（Proof of Address），办理去其他国家的签证时需要提供此材料；

3. 办理流程

★ 预约时间

在英国办理任何事情都要预约（Book Appointment），去银行也不例外。如果学生要办理开户的话，可以电话预约开户时间或直接到附近的银行预约时间。银行的工作时间通常是周一到周五的 9:00~18:00，有些银行周六也营业，而有些银行周末则完全关门。如果遇到银行假期（Bank Holiday）的话，银行也是不营业的，所以学生要查好银行的营业时间并安排好自己的时间。

★ 银行开户

当学生按照预约时间来到银行后，会有银行职员对学生进行一对一的服务，整个开户过程需要 1 个小时左右。首先，银行工作人员会耐心地了解学生的情况，例如，是来读书还是来工作的、每月的收支情况、开办银行卡的目的和用途等。接下来，工作人员会帮助学生选择适合的账户，英国账户通常分为现金账户（Current Account）和存款账户（Saving Account）：现金账户主要用于日常消费，通常只有少量利息或没有利息；而存款账户会有存款利息，但是账户上的资金需要转到现金账户上才能用于日常消费和取款。在选好适合的账户类型后，银行工作人员还会询问开户人是否开通网上银行和电话银行，建议大家开通网上银行，因为这样在网上消费和转账都非常方便。

★ 存入资金

当账户开立好之后，学生不会马上拿到银行卡，需要等待邮寄。但是银行的工作人员会给学生提供详尽的账号信息，包括账号（Account Number）、短代码（Short Code）、银行国际代码（Swift Code）等，只要把以上信息告诉家长，家长就可以汇款到学生新开立的账户上了。银行的工作人员还会询问学生有没有资金存入，这个时候学生就可以把自己带来的汇票、旅行支票以及多余的现金统统存入，银行会开立收据。

★ 等待邮寄

在账户开立好后的 1~2 周内学生会收到银行邮寄来的银行卡，接下来会收到密码纸，为了安全起见银行卡和密码纸是分开邮寄的。英国的邮政系统非常安全靠谱，基本上很少丢失邮件，万一学生没有收到，可以要求银行再次邮寄。在收到银行卡和密码纸并去银行ATM机更改好密码后，学生就可以正常使用英国的银行卡了。

开立银行账户是在英国积累信用记录的开始。学生在选择第一家在英国的开户银行时，要做一些调研，比如向学长、学姐咨询，从而选出适合自己的银行。在英国开通银行账户会为自己的生活增加很多便利，因为在英国几乎所有场合都可以刷卡消费。学生在使用银行卡一段时间并持有良好信用记录后，就可以在英国申请信用卡了。

本小节介绍了抵达英国以后如何选择银行并开立银行账户。英国有各种类型的银行可供学生选择，在选择银行的时候应该考虑银行网点的分布情况、是否有管理费以及国际汇款手续费等因素。银行开户时需要准备的材料非常简单，但学生去银行开户的时候需要先预约，银行开好账户后的1~2周内就会收到银行邮寄过来的银行卡，之后就可以安心地在英国正常消费了。

第三节 办理手机卡

> 学生来到英国以后，最重要的事情之一是选择一家适合的通信公司办理手机卡，这样就能与国内的家人和其他在英国的小伙伴保持联络。国内只有中国移动、中国联通、中国电信等少数几家通信公司，而英国的通信公司非常多，需要学生做一些功课后再进行选择。

1. 选择通信公司

英国比较大的通讯运营公司包括：O_2、Three、Vodafone、Orange 以及 Orange 和 T-Mobile 合并产生的一家新的运营公司 EE。还有一些网络手机运营商，如 Lebara、Lyca、Giffgaff 等。网络手机运营商没有自己的基站，其运营是建立在其他手机公司的网络基础上的，如 Giffgaff 使用的是 O_2 的网络。还有其他领域的公司也跨界做起了手机运营商，如 Virgin Media 和 Tesco Mobile。刚刚到英国的学生会觉得眼花缭乱、无从下手，表 26 是在英国的学长、学姐们对各大通信公司的评价，希望对大家有所帮助。

表26 在英学生对各大通信公司的评价

通信公司	学生评价
O₂	手机信号比较好； 套餐内赠送的通话时间和短信相对较多；
Three	网络信号比较好，在郊区的信号覆盖也比较好； 签约手机的审查比较容易通过；
EE（Orange 和 T-Mobile 合并）	最先运行 4G 网络的通信公司，上网速度比较快； 结合了 Orange 和 T-Mobile 的优点；
Vodafone	套餐内赠送的通话时间和短信比较多；
Giffgaff	价格便宜，学生普遍使用； 推荐别人入网，双方都能得到 5 英镑的话费奖励；
Lebara	打国内电话比较便宜； 新生入学的时候，会被赠送带有一定话费的 SIM 卡。

学生在选择通信公司的时候，需要考虑的因素包括：1. 网络覆盖面是否广，信号是否好：有些手机公司在市区的信号非常好，但在郊区或火车上就非常不好，经常出去玩儿的学生建议选择网络比较好的通信公司；2. 套餐选择是否适合自己：通信公司会在手机套餐中设置不同的通话时间、短信条数和网络流量，学生要看自己是上网多一些，还是打电话和发短信多一些，从而选择适合自己的套餐和通信公司；3. 看看周围的学生和朋友们选的什么公司，因为使用同一家通信公司手机卡的学生之间打电话是免费的。总的来说，大公司比小公司的信号好，网络覆盖更全面；小公司价格公道，优惠政策较多。大家可以酌情选择。

2. 选择话费套餐

英国的手机卡根据服务和收费方式的不同分为两种：

★ 预付费电话卡（Pay as you go）

这种方式是给手机卡充值然后按通话时间收费，用多少收多少。通信公司会免费赠送 SIM 卡，英国境内通话费用每分钟 3p 到 30p 不等（p 是便士的符号，100p = 1 英镑）。每条短信的价格从 2p 到 12p 不等，上网既可以选择按照流量收费，也可以选择按天收费。图 8 是英国主要电信公司的 Pay as you go 的价目表。如果第一次充值的手机费用使用完了，可以到邮局、便利店或网上进行充值。

	Three	O2	Vodafone	EE	Orange	T-Mobile	Virgin	Talk Mobile	giffgaff	Tesco	Asda	Sainsbury's
3p		35p	30p	30p	14p	30p	35p	8p	10p	25p	8p	8p
2p		12p	14p	12p	14p	12p	12p	4p	6p	10p	4p	4p
1p	£1 a day	£2 a day (Max of 50MB then charged 10p/MB)	Data packs available from £1 per 100MB	65p Min charge. Rate charge per KB	£1 a day Max 500MB free per month	£1 a day (100MB then £1 per 100MB)	25p a Day (25MB) then 10p/MB	20p a Day (20MB) then 20p/MB	10p	5p	50p a day (25MB) then 50p for each 25MB	

图 8　Pay as you go 价目表

★ 包月套餐 (Pay monthly)

这种形式在国内也很常见，用户每月支付 10~20 英镑不等的话费，有多种套餐可选择，有的不限短信条数，有的不限通话时间，有的不限上网流量（如图 9 所示）。英国没有漫游费的说法，只要在英国境内通话，资费标准都是一样的。而且都是单向收费，只有打电话的一方才需要付费或计入月度通话时间。如果两个通话方都使用同一家通信公司的网络，那么互相通话是免费的。另外，英国是无线网络覆盖率非常高的国家，走到哪里都有 Wi-Fi，所以能节省好多手机流量。

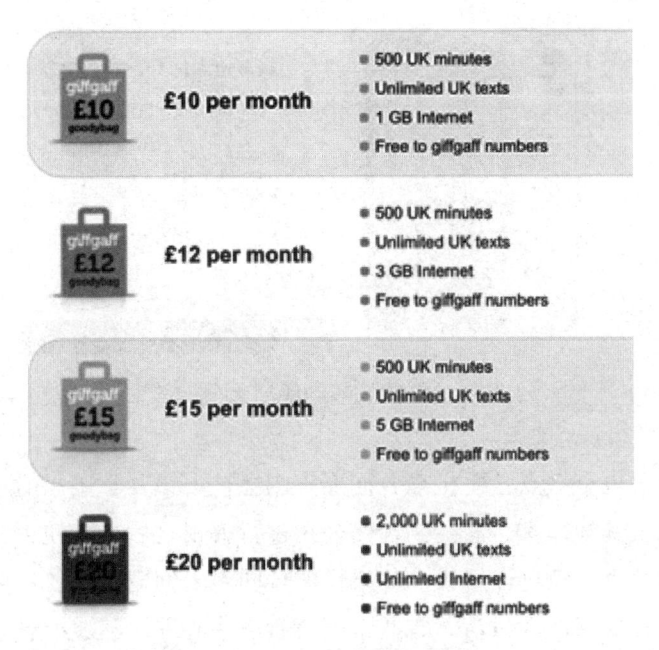

£10 per month
- 500 UK minutes
- Unlimited UK texts
- 1 GB Internet
- Free to giffgaff numbers

£12 per month
- 500 UK minutes
- Unlimited UK texts
- 3 GB Internet
- Free to giffgaff numbers

£15 per month
- 500 UK minutes
- Unlimited UK texts
- 5 GB Internet
- Free to giffgaff numbers

£20 per month
- 2,000 UK minutes
- Unlimited UK texts
- Unlimited Internet
- Free to giffgaff numbers

图 9　Pay Monthly 费率举例

3. 签约手机

如果在英国待得比较久，可以考虑签约一部手机，就是用户与通信公司签署一年或两年的合同，通信公司会给用户签发一部新手机，每月收取一定费用，这个费用包括电话费、短信费和上网流量费用，等合同到期后，这部手机就完全归用户所有了。

图 10 以签约一部 64G 内存的 iPhone 11 为例，学生需要预先支付 49 英镑，然后与通信公司签一个为期 24 个月的合同，并且每月支付 55 英镑就可以享受每月不限通话时长、20GB 的上网流量和不限短信条数。对于在英国就读时间较长，且不想一次性支付太多资金来购买手机的学生来说，签约手机是一种比较划算的选择。

图 10　签约手机举例

签约手机也有缺点：手机在合同期限内会被上锁，学生只能在英国使用。如果学生要去其他国家，需要到通信公司进行解锁之后才能使用，有些通信公司是签约满六个月就可以解锁。如果你的合同尚未到期而想要提前回国，则需要把剩余的费用一次性付清。有些学生会有侥幸心理，不缴纳剩余费用就直接回国了，这种行为会影响学生的信用记录，会给自己再次来到英国造成麻烦，甚至有被拒签的可能。

> **Tips　如何更换通信公司**
>
> 如果你对目前通信公司的服务或套餐不满意，又不想换手机号码怎么办？很简单，只要你向 A 通信公司索取 PAC 代码，然后再把这个代码告诉给 B 公司就可以了。这样做能轻松实现保号换通信公司的目的，从而避免逐个通知联系人的麻烦了。

本小节向初次抵达英国的学生介绍了如何选择通信公司办理手机卡和如何在英国签约手机。英国有多家通信运营商，学生在选择通信公司的时候需要考虑网络覆盖面、信号质量、可选套餐等因素。付费方式既可以选择预付费，也可以选择包月套餐。想在英国购买新手机的学生也可以考虑签约一部手机，这样就能实现利用分期付款减少支出压力的目的。

第四节 文化差异

> 学生初到异国他乡，面对陌生的环境和迥异的文化，难免会遇到种种问题。中国学生习惯的待人接物的方式可能会引起老师、同学或房东的不理解。而英国人的语言交流、社交礼仪和生活习惯又往往跟中国人有一些差异。那么怎样能够避免误解、适应英国生活、尽快融入英国社会呢？以下是一些建议，希望能对来英国求学的学生有所帮助。

1. 语言交流

学生在与英国人和其他欧洲人交流的时候，要尊重对方的个人隐私，如收入、年龄、婚姻状况、有无子女等，这些是比较私人的问题。除非对方主动聊到这个问题，否则不要去问。政治和宗教也是要避免与刚认识的人谈论的问题。

英国人在谈论正事的时候，喜欢直入主题，不喜欢转弯抹角。如果有不同意见，会直接表达出来。但是英国人说话的时候喜欢先扬后抑，即先部分肯定一件事情，然后再用"但是（But）"来转折，其实But后的内容才是他们想要重点表达的。

说话的时候也要注意自己的身体语言。不要用手来指人，因为这样会被认为是不礼貌和不友好的。在说话的时候也不要靠对方太近，要经常使用"谢谢（Thanks）"和"请（Please）"，以表示有礼貌和有教养。

2. 社交礼仪

英国人很遵守公共秩序，有非常好的排队习惯。大家经常会看到在一些旅游景点和热门餐馆前排着长长的队伍，但是不会有人插队。在地铁的自动扶梯上，人们都会自动靠右站好，为赶时间的人预留出左侧的位置，这样他们就可以快速通过。

互帮互助，女士优先：在公共场合，无论是否认识，男士都会主动为女士开门、让女士先上电梯、主动让座。在路上遇到陌生人迷路，也会主动提供帮助。如果在地铁里看见提着重重的行李上不了楼梯的人，英国人也会主动帮忙提行李。

时间观念：在正式场合中，英国人的时间观念很强，定好的时间就会按时抵达，如果要迟到会提前打招呼。笔者去参加学校的会议的时候，每项参观活动和讲座都严格按照时间表进行，没有丝毫延迟。但是在非正式场合中，时间就比较随意，比如大家约好晚上六点去酒吧喝一杯，有可能会有人七点多了都还没到。

社交场合的着装：英国人在生活中的着装比较随意，但是在正式场合中对着装的要求就比较高了。在工作场所中，男士至少要穿衬衫打领带，女士着装以职业装为主。在晚宴中，男士穿西服打领结或领带，女士穿职业装或晚礼服。还有一些重大场合，比如婚礼、观看马术比赛、航空展等，对着装都有着不同的要求。

3. 生活习惯

英国人很喜欢度假，除了圣诞节要与家人团聚，其他假期基本上都会被用来度假。在度假地点的选择上也与国人不太相同，国人喜欢一次参观很多个旅游景点，而英国人喜欢到一个地方或一个景点尽情地享受生活，比如，休假一周只是到西班牙的海滩上晒个太阳，或者到土耳其去乘坐滑翔伞或热气球。

如果你被英国人邀请到家中做客的话，记得要准备一些小礼物送给主人。到英国人家里做客尽量不要早到，因为那时候主人很可能还没准备好，准时赴约和迟到5~10分钟都是比较合理的。在餐桌上不要使用手机并尽量避免接听电话，餐后应该

留下来闲聊一会儿,吃完饭就离开是非常不礼貌的行为。一般离开前10~20分钟应告知主人,用餐过后应发短信或写邮件感谢主人的邀请和款待。

英国人很喜欢互赠贺卡,逢年过节、亲友生日、结婚生子、离职升迁都喜欢送贺卡表示祝福或慰问。市面上可以选择的贺卡种类也非常多,生日卡、结婚卡、母亲节卡、圣诞节卡等,日常生活中所有需要送卡片的情况,都可以找到相对应的卡片。英国人在接到卡片之后都会表现得很开心,会仔细阅读上面的文字。此外,在收到礼物的时候,也会当面打开以表赞美之词。

酒吧(Bar or Pub)是英国人与朋友相聚的社交场所。如果你被其他同学邀请出去喝一杯(Go out for a drink),千万不要觉得害羞,因为这个是常见的同学间的沟通方式。如果你不喝酒的话,酒吧里也有非酒精饮料可供选择。酒吧(Bar or Pub)一般是凌晨一点关门,而俱乐部(Club)一般是凌晨三点关门。在英国只有年满18周岁的人才能进入酒吧,而亚洲人长得比较年轻,所以在进门前经常会被要求出示身份证(ID)。长相比较年轻的学生要去酒吧的话,要记得携带护照、英国驾照等身份证明证件,否则可能会被拒之门外。

4. 就餐和购物

英国人有付小费的习惯,结账时通常要在账单金额的基础上再加10%的服务费。有的餐厅会在结账时直接要求多付10%,而有些餐厅则靠客人的自觉。给酒店行李员的小费通常按照每件1英镑计算,当然也可以酌情付小费。旅店账单中若不含服务费,应将10%的费用分别付给对你有帮助的工作人员。像影剧院、加油站等场所则无须付小费。

英国人喜欢吃饭的时候聊天,很多从国内过来的学生感觉有些不适应,因为这跟我们"食不言"的用餐礼仪不太一样。诀窍是,吃东西和说话交替进行,每次只向口中放入少量食物。吃东西的时候嘴张得过大是不礼貌的行为,如果有些食物必须张大嘴才能吃,请用一只手来遮挡。

如果是在快餐店内吃饭,用餐过后请主动收拾废弃物并扔到店内的垃圾桶

内。如果是在餐厅或酒店内吃西餐，把刀叉平行放置在餐盘上表示已经用餐完毕；如果还没吃完，就把刀和叉分开呈八字形放在餐盘上。更多用餐礼仪和注意事项会在"9.1 西餐礼仪"中进行介绍。

英国人喜欢明码标价，不喜欢讨价还价。所以在商店里购物时，商品的标价就是该商品的真实价格。英国有很多打折季，如圣诞打折季、复活节打折季和夏季打折等，而且有些商品多买会有折扣。在9.3.4中会详细介绍在英国的购物技巧。

经验分享：我眼中的英国文化

分享人：学生小乔，跨文化交流专业的硕士研究生

在英国留学期间，我体会到，虽然中英两国从语言到社交再到生活的价值观存在着很大的差异，甚至我的很多同学和朋友们从始至终都在经历所谓的文化冲突（Culture Shock），但是我还是坚持认为，这段留学时光是我人生的一个转折点，也是迄今为止最为宝贵的一笔财富。下面我将把从学业、自我和审美三个方面感悟到的中英文化差异分享给大家。

学业：课堂发言与小组讨论中的冲突

在英国留学期间，我学习的专业是跨文化交流（Intercultural Communication），与目前英国商学院里中国学生占绝大多数的情况不同，我们班的学生都是来自世界各地的，因为对不同文化的差异感兴趣才选择了这个专业。在平时的生活和学习当中，我和我专业的同学都非常注意细节，彼此用好奇、包容和尊重的态度来共同学习，可以说整个班的气氛是非常和谐友善的。但即使是这样，我还是遇到了我学业生涯中最大的两个困难。

一个是关于课堂发言和小组讨论的，这两项在英国学习中占据着很大的比重。其实一开始我很不适应，因为在国内我是一个在课上疯狂做笔记和喜欢安静思考的学生。但是在英国，学生在课堂上的发言非常踊跃，他们可以随时打断老师的讲课进行提问，而这貌似也是英国老师期望的课堂效果。虽然在国内我做了大量的努力去练习口语和听力，但是刚来英国上学的时候，我还是只能听懂一半的内容。而且由于自己性格偏内向，别说是在课堂上发言了，就连在小组讨论时畅所欲言都比较困难。后来我发现，自己在课堂上的表现会影响与同学私下的交往，因为大家还是倾向于钦佩有独特见解的人，为了能够在课堂上踊跃发言，我加大了口语的练习，更充分地做好复习和预习。最重要的一点是，我积极克服自己的心理障碍，为自己设立了课堂发言的小目标。渐渐地，在课堂上我也可以像其他学生一样畅所欲言了。

另一件我觉得更具挑战性的事情，就是小组讨论时大家对于观点冲突的态度。每次讨论的小组成员都是不同的，在无数的小组讨论中，我发现大家真的是无

所顾忌，天马行空地进行头脑风暴，但同时组员之间难免有思想和学术观点上的强烈冲突。由于个性原因，我一般阐述的观点都偏向大多数人的思维，即使有不同的声音我也会态度很好地表示认同，尽量避免和与我意见不同的人进行辩论。但其他国家的同学不都像我这样，遇到观点相左的情况，会非常坚定地维护自己的观点，决不妥协。不过，即使讨论时有激烈的唇枪舌剑，结束后大家还是会一起去酒吧，并不会因此而影响同学间的关系。我想也正是因为如此，大家才能高质量地完成小组作业。说实话，我的小组作业分数基本上都比我独立完成的作业分数要高。

自我：关于对待"自我"的价值观

第二个我觉得差异很大的方面，就是关于"自我"的价值观。我将通过两个例子来解释。由于认识的英国朋友们相继生了小宝宝，我有机会了解新生儿和新妈妈们的一些事情。我发现新妈妈们在关注宝宝的同时，也特别注意自己的形象。印象很深的就是，有一天我去产房探望朋友，发现对面床的新妈妈正在化妆，因为一会儿老公要来，我觉得很不可思议。我的英国朋友也有类似的行为，虽然她在产房那几天没有化妆，但也是每天都保持干净整洁的形象，例如简单涂下唇膏等。

另一个例子是关于我的房东太太。房东太太是苏格兰当地人，大概60岁，已经退休，十多年前离婚了，身体还不错，有四个孩子。在我居住期间，我只分别见过每个孩子一面，也就是说孩子们很少去探望她。听上去可能有些孤单，但房东太太并没有因为离异、子女很少探望而自怨自艾，反而非常乐观，生活非常丰富多彩，甚至让我这个年轻人都羡慕不已。房东太太只是周一到周五与我们在一起，周末就自己开车去苏格兰北部的老家海边小村子里住。每隔几天还会参加一些老年人的活动，如跳舞、插花、厨艺培训等。她还会自己做裙子，打扮得很漂亮去参加那些活动。偶尔和不同的老爷爷约会。每隔两个月她还会一个人去海外度假，她说喜欢一个人去陌生的地方遇见有趣、有缘的人。旅行的酒店、飞机票、火车票都是她自己在网上预订的，各种网络软件她也会用。最让我敬佩的是房东太太坚持大量阅读，尤其是有关厨艺和园艺的书，她的房子里整齐地摆放了很多。房东太太有一天告诉我她在写一本书，现在只是一些小笔记，她要写一写她这些年遇到的有趣的房客们。虽然房东太太没有给我讲过什么大道理，却用自身行动重塑了我的价值观。

审美：审美的差异

最后一个是很直接的、在大街上随处可见、随时可以感受到的东西方的审美差异。对于男性，高大、体格健硕是世界统一的审美标准；而对于女性，东西方还是存在着一些审美差异的。在英国，身材高挑是美的标准之一，高挑的女生会很受欢迎。经常看到一对情侣走在一起，他们身高相同（甚至女高男矮），却一样非常自信、非常恩爱。

关于身材，英国人所崇尚的"瘦"，是健康的、有力量的、稍微带点肌肉的、紧实的瘦。另外一点就是肤色，在西方，偏深色、小麦色的肤色才是美的，而不是亚洲普遍欣赏的"白"。这也解释了英国健身的人非常多的原因，可以说在身体允许的情况下全民皆健身，全民马拉松、全民自行车等比赛非常普遍。健身房也非常火爆，大家全天在公园里、马路上都可以遇到跑步健身的人，学校的健身配套设施也非常完备。我也因此有了健身的习惯，不再一味地求"瘦"，而是以健康为目的，少吃不健康的食物，增加健身频率，甚至开始做些力量型训练。在英国的留学生活使我养成了良好的健身习惯，即使回国后也在一直坚持。

结语

在我学习跨文化交流的相关理论的过程中，有一个最重要的理论就是文化冲突。它是指人们在从一种文化进入另一种文化的时候所遭受的种种不适应。这种冲突和不适会随着时间的推移以及阅历和心理的变化而得到缓解，进而逐渐融入当下的文化环境里。为了减轻刚到英国的种种文化方面的不适应，大家除了要事先了解英国相关的文化背景，还要增强自身的心理素质，要乐观、宽容、自信地接受新事物，扛住留学的压力，享受留学的时光。最后，希望我的经历能对要出国留学的学生有所帮助。

第八章
学习在英国

本章导读

学生在英国安顿下来以后就要进入正题——好好学习了。本章从英国院校资源开始，向学生介绍如何利用学校的图书馆资源和免费的课程资源以及如何向老师或其他同学寻求帮助。接下来，向来英国就读不同级别课程的学生分别介绍如何在英国读好GCSE、A-Level、本科、硕士甚至博士。最后，本章还会有留学生分享其在英国学习和生活的经验，以及学霸姐姐介绍如何写好英国的论文。

第一节 熟悉院校资源

> 学生来到英国学习,首先要做的事情是熟悉院校资源,这样就会方便自己在英国院校的学习。新生到校后,学校会把第一周作为新生介绍周(Orientation Week),帮助学生熟悉校园环境、院校资源,这也是学生相互熟悉的时间。在新生周期间,学校会组织学生参观校园、举办新生欢迎会和各种讲座、让学生与老师熟悉一下,还有学长学姐们分享经验,告诉学弟学妹们遇到困难该如何寻求帮助。此外,还有各种社团组织邀请学生参加。总之,这是非常热闹的一周,初到英国的学生可以利用这个机会尽快熟悉校园、了解英国的学习生活、与老师和其他同学尽快熟络起来。

新生刚入学的时候,学校会给学生每人发放一本新生手册(Hand Book),告诉大家所学专业的课程结构和内容、每门课程的考评方式和计分方式、老师的联系方式、考试和放假安排等。学生要仔细阅读,这样就可以知道每门课程的难度,以便合理选择课程和安排好自己的时间。除此之外,学生要学会如何利用图书馆资源,如何参加一些免费的英文和学术辅导课,以及遇到困难时如何向老师和学长、学姐寻求帮助。

1. 图书馆资源

英国的院校有着丰富的图书馆资源,学生要学会加以利用。在英国读大学是不用买教科书的,因为要学的知识不是来源于某本特定的书,而是任何材料都可以作为学生学习的内容,而学习的知识也不是只有一家之言,而是博采众长。每门课程的老师都会在学期之初给学生列长长的参考阅读书目(Reading List),学生可以按照书目到图书馆去借阅。有些图书数量有限,所以学生要提早下手,先到先得。

除了图书馆里常见的纸质图书和学术杂志外，更庞大的信息资源是来自网络，学生可以利用自己的学生账号免费阅读和下载电子图书、期刊和学术报告。学校会与学术期刊网站、调查公司网站联网共享数据，提供免费的资源，为学生写论文和做科研提供方便。很多大学的图书馆之间也会进行合作和联网，如伦敦大学下面的各个学院之间会共享图书馆资源，一个伦敦大学伯贝克学院（Birkbeck, University of London）的学生，除了可以进入自己本校的图书馆学习和借阅图书之外，还可以用自己的学生卡进入伦敦大学学院（UCL）或伦敦政治经济学院（LSE）的图书馆进行借阅和学习，听起来是不是很爽。

以下为伦敦大学（University of London）成员列表：

Birkbeck, University of London（伦敦大学伯贝克学院）

The City, University of London（伦敦大学城市学院）

The Courtauld Institute of Art（考陶尔德艺术学院）

Goldsmiths, University of London（伦敦大学金斯密斯学院）

King's College London（伦敦大学国王学院）

London Business School（伦敦商学院）

London School of Hygiene & Tropical Medicine（伦敦卫生与热带医学院）

Queen Mary University of London（伦敦大学玛丽女王学院）

Royal Academy of Music（伦敦大学皇家音乐学院）

Royal Holloway, University of London（伦敦大学皇家霍洛威学院）

School of Advanced Study（伦敦大学高级研究院）

SOAS University of London（伦敦大学亚非学院）

St George's, University of London（伦敦大学圣乔治医学院）

The Institute of Cancer Research, London（伦敦大学癌症研究院）

The London School of Economics and Political Science（伦敦政治经济学院）

The Royal Central School of Speech & Drama（皇家中央演讲与戏剧学院）

8 学习在英国

The Royal Veterinary College（皇家兽医学院）

University College London（伦敦大学学院）

来源：http://lon.ac.uk

除了学校的图书馆之外，学生还可以利用公共图书馆（Public Library）的资源，很多公共图书馆只要提供 ID 信息和住址证明就可以免费办理借书证。而且公共图书馆的资源也是共享的，如果学生在网上看到图书馆 A 有一本自己想借阅的图书，可以申请把该书发到距离自己家比较近的图书馆 C，然后再去借阅，非常方便。伦敦名气比较大的、值得一去的图书馆有大名鼎鼎的大英图书馆（British Library）。一些博物馆也有自己的图书馆，比如维多利亚和阿尔伯特博物馆（V&A Museum）的图书馆，这类图书馆的很多藏书是不对外借阅的，只能在馆内阅读，而且有比较严格的安保措施。

2. 免费课程

为了帮助学生更好地适应英国的学习，学校通常会为学生提供一些免费的辅导课程。这些课程有的是英文方面的，也有的是学术方面的。比如说，几乎所有院校都会提供免费的学期英文课程（In-sessional English），面向英文相对较差的国际学生。学生可以利用课余时间去参加免费的英文培训，培训内容涵盖听、说、读、写各个方面，帮助学生全方位地提高英文水平。建议学生多去参加这种课程，对提高英语水平非常有帮助。

还有一类辅导课程是与学术和学习方法相关的，比如说：How to cite and reference?/How to do the presentation?/How to perform in the group discussion?/How to write the essay? 从如何写论文到如何演讲，从如何进行小组讨论到如何备注参考文献（References）……课程种类繁多，五花八门。学生要根据自己的需要安排好时间，有选择地去参加一些课程。笔者在留学期间参加了不少这样的课程，感觉受益匪浅，而且有种高额学费被赚回来的感觉。

3. 学习支持

除了一些免费课程外，学校还会派出人力提供多方面的学习支持。比如说，有专门的论文辅导老师（Essay Doctor）帮学生校对论文（Proofreading）；有学长或学姐（Student Mentor）指点迷津；有预约的老师一对一指导，对学生的问题进行答疑解惑。总之，当国际学生在学习和生活方面遇到困难的时候，学校总会有各种渠道和方式帮助他们。

综上所述，初来乍到的新生要学会利用院校资源帮助自己。可以利用图书馆资源查找资料，利用网上资源帮助自己写论文和做研究；可以适当参加一些免费的英文课程和辅导课程来提高自己的英文和学术能力；多向学长或学姐请教在英国学习和生活的技巧；遇到困难的时候，要学会通过各种渠道来获得帮助。接下来的章节将对来英国就读不同级别课程的学生，分别给出在英国学习的指导和建议。

第二节 写给中学生

本小节主要给来英国的留学生提供一些指导和建议。向来英国就读 A-Level 的学生介绍 A-Level 考试和评分标准、UCAS 计分制的一些相关知识以及如何选择 A-Level 的科目；向来英国读 GCSE 的学生，介绍 GCSE 科目、评分标准以及考试时间。还有在英国就读中学的学长和学姐分享他们在英国学习和生活的经验。

1. 就读 A-Level

来英国就读 A-Level 的留学生，首先要涉及的是科目选择，A-Level 科目与将来升入大学的专业息息相关。学生在两年的 A-Level 学习期间，要选择 3~4 门比较擅长的课程进行就读，而这 3~4 门课程的成绩决定了未来能升入什么样的大学。学生可以根据自己的时间和精力选择在两年的 A-Level 学习期间连续就读 3 门或 4 门课程。（在 A-Level 教学改革前，学生选择在 A-Level 的第一年就读 4 门课程，第二年可以放弃一门不太擅长的科目，用 3 门 A-Level 的成绩来申请大学）。A-Level 可选择的科目有 100 多种，而表 27 列出了常见的 A-Level 科目，因此如何从众多科目中选择适合自己的课程值得探讨一番。

表 27　常见的 A-Level 科目

A-Level Maths	A-Level English Language and Literature	A-Level Classical Civilisation
A-Level English		A-Level German
A-Level Chemistry	A-Level Performing Arts	A-Level Graphic Products
A-Level Biology	A-Level Philosophy	A-Level Health and Social Care
A-Level Geography	A-Level Psychology	
A-Level History	A-Level Religious Studies	A-Level ICT
A-Level Physics	A-Level Spanish	A-Level Italian
A-Level Economics	A-Level Dance	A-Level Law
A-Level Business Studies	A-Level Drama	A-Level Leisure Studies
A-Level Computing	A-Level Design	A-Level Media Studies
A-Level Sociology	A-Level Electronics	A-Level Music
A-Level Politics	A-Level Environmental Studies	A-Level Physical Education
A-Level Accounting	A-Level General Studies	A-Level Citizenship Studies
A-Level Archaeology	A-Level Geology	
A-Level Art and Design	A-Level French	
A-Level Communication		

来源：http://www.a-levels.co.uk

那么如何选择 A-Level 的科目呢？答案是要结合擅长原则职业目标。

擅长原则：A-Level 的成绩决定了学生将来能够进入什么样的大学，因此一定要选择一两门自己擅长的科目。像历史、地理、法律、商学、经济学、心理学、社会学等文科类科目要求大量的读和写，对语言的要求较高，而且中国的中学文史类课程与英国的课程差别非常大。因此，中国学生在此类课程上比较难取得好成绩。而像数学、物理、化学等理科类课程是中国学生擅长的，学生在中国高中所学习的课程难度已经远远超过了英国 A-Level 的难度，只要解决了语言问题，学习起来基本上不会觉得特别困难。因此，数学几乎成为每一个中国学生必选的课程，有些学生还会选择汉语作为 A-Level 科目，如果不考个 A 或 A* 的话都无颜面对家乡父老。

职业目标：A-Level 的科目选择应围绕学生在大学本科中希望学习的专业和将来的职业目标来进行。有些专业严格要求了 A-Level 必须涉及的科目，如申请医学专业要求 A-Level 科目中必须包含生物和化学，申请精算专业要求 A-Level 科目中必须有数学。而有些专业对 A-Level 没有严格的科目要求，学生只要达到要求的成绩就可以被录取，如一些商科和社会科学专业。所以大家要先看好大学专业的要求再来选择 A-Level 的科目。下面举个例子：

假设小明希望将来从事与计算机有关的工作，他可以考虑以下 A-Level 的科目：

方案 A	方案 B
• 计算机科学（Computer Science） • 数学（Mathematics） • 物理学（Physics） • 商务研究（Business Studies）	• 信息技术（Information Technology） • 数学（Mathematics） • 物理学（Physics） • 化学（Chemistry）

通过上述介绍，相信学生和家长已经解决了 A-Level 科目的选择问题，那么学生需要达到怎样的成绩才能升入比较好的大学呢？首先来介绍一下 A-Level 的成绩评定：A-Level 的成绩划分是从 A* 到 F（A*，A，B，C，D，E，F），E 以上级别是通过，而 F 是 Fail 意味着不及格。要报考牛津、剑桥这种顶尖名校的学生要达到全 A 的成绩；排名前 20 或前 30 的学校一般要求 AAB 或 ABB

的成绩，当然专业不同具体要求也会有所不同；如果学生的 A-Level 成绩都是 C 或 D 的话，那就比较难进入好的学校了。所以立志于名校的学生要加油了！

另外要补充一点，有些学校在录取要求上写明需要学生达到多少 UCAS Point，这个概念可能会让学生比较困惑。别担心，举个例子就明白了。请看表 28，学生的 A-Level 成绩分别对应不同的 UCAS Point。如果学生的 A-Level 成绩是 A*BD，那么他的 UCAS Point 就是 56+40+24=120。

表 28　A-Level 成绩与 UCAS points 对照

A LEVEL GRADE	UCAS POINT
A*	56
A	48
B	40
C	32
D	24
E	16

图片来源：UCAS 官方网站

A-Level 考试是在每年的 5~6 月份举行，科目不同，考试日期也不同，考试结果会在每年的 8 月份公布，若成绩达标，学生就可以进入所申请的大学。虽然 A-Level 的考试时间和成绩公布时间是在每年的夏天，但是英国大学的申请却在前一年的 9 月份就已经开始了。因此，学生要根据第一年 A-Level 的成绩来预估自己将来能够达到的最终成绩从而选择和申请院校。比如，学生要申请下一年 9 月份的本科，那么学校在当年的 9 月份就已经开放申请了，这个时候学校会根据学生迄今为止的表现给出一个 A-Level 的预估成绩（Predict Result），作为学生选择大学的参考。学生可以在 UCAS 上申请 5 所大学，以确保下一年能被一所大学录取，这 5 所院校的选择需要既有拔高的又有保底的（关于英国大学的选择，请参看本书第三章第二小节）。

因为申请学校的时候学生还未取得 A-Level 的成绩，所以学生先拿到的是有条件录取通知书（Conditional Offer）；等 8 月份公布 A-Level 的成绩且学生达到录取要求后才会拿到无条件录取通知书（Unconditional Offer）并最终被学校录取。关于如何通过 UCAS 申请英国本科以及未被任何学校录取的学生如何

补申英国院校，本书在第四章"4.3.1 UCAS 申请"中做了详细的介绍，请学生和家长阅读相关章节。

2. 就读 GCSE

来英国就读 GCSE 的学生年龄普遍较低，在学习和生活上都需要有更多的关注和辅导。通过第二章"2.1.2 去英国读 GCSE"的介绍，相信学生和家长已经了解了学生在 GCSE 毕业时通常要拿到 5~10 门课程的成绩，这对学生来说也是比较有挑战性的。GCSE 有 50 多种科目可供选择，学校会设置选修课和必修课，每个学校开设的课程也不太一样。必修课主要有数学、英文、英国文学、科学（包括：物理、化学、生物等），而选修课主要有历史、地理、音乐、戏剧、经济学、心理学、社会学、外语（包括：法语、西班牙语、德语等）。GCSE 改革后，评分等级分为 1~9 分，9 分为最高，1 分为最低。新旧成绩对照表，详见下图。

Old grades	New grades
A*	9
A	8
	7
B	6
	5 STRONG PASS
C	4 STANDARD PASS
D	3
E	2
F	1
G	
U	U

来源：Ofqual

图 11　GCSE 新旧成绩对照图

如图 11 所示，2020 年之前，GCSE 的成绩评定分为 A*~U（A*, A, B, C, D, E, F, G, U），A* 是非常优秀的成绩，而 U 意味着不合格。如果学生想要升入 A-Level 的话，通常要有 5 个或以上 A*~C 的成绩，按照新的评分体系，则是要求 5 门以上的课程有 4~9 分的成绩。万一成绩不理想，可以选择重新考试（Re-take）以最终取得达标的成绩。GCSE 的科目难度比中国的初中略简单一些，所以只要解决了语言问题，家长对孩子的成绩就无须太过担心。

GCSE 的考试时间是每年的 5~6 月份，成绩在 8 月份的第四周公布。GCSE 考试过后，一些本土学生会选择学术路线就读 A-Level 或选择职业路线；而对国际学生来说，就读 GCSE 的目的就是衔接 A-Level 进而升入大学。有些学生会选择就读本校的 A-Level，有些学生则会转入其他学校。无论如何选择，优秀的 GCSE 成绩对进入 A-Level 和申请大学都有着积极的影响，甚至在英国找某些工作都会被要求填写 GCSE 成绩，可见拥有良好的 GCSE 成绩是多么重要。

小留学生分享：我在英国读中学

分享人：胡子潇，剑桥某中学学生

我目前在剑桥的一所学校上十一年级，也就是 GCSE 的最后一年。从中国来到英国上学是个巨大的转变。人们普遍认为，在国外学习，只是语言环境不一样，但学习会轻松一些。然而事实并非如此。接下来我想分享几点我认为最重要且有趣的区别，包括学生之间的交流方式、老师的教学方法和丰富的课外活动。

在我们学校，最受欢迎的不是学习最好而是体育最好、最会和人打交道的学生。那些只会用学习证明自己的人，常常会被偷偷嘲笑和鄙视。考试没有排名，老师强调"知道自己的分数就够了，不要和同学比"（当然，下课后大家还是比）。老师看重的不是成绩，而是学生有没有尽力，是否有进步，有没有弱点需要克服。

英国的课程强调能力培养，文科不需要死记硬背，理科没有大量计算。虽然作业量不大，但常常要花很多时间搜集资料。比如八年级的工程课作业，我们需要研究桥梁的种类、形状和承重能力的关系并且设计一座桥，同时保证造价不能超出老师规定的预算。设计完成后，可以在软件上测试承重能力并利用数据进行修改。最后，我们写了一篇报告，说明自己的研究和设计步骤以及修改过程。

英国的课外活动很丰富。中午，有些老师会组织兴趣小组。我参加了学校的辩论队，经常谈论一些社会热点，比如英国是否应该脱欧、上院议员是否应该通过选举产生。上个学期我们还去了威斯敏斯特议会大厦参加辩论。学校有足球、篮球、曲棍球、橄榄球、田径等校队，每周都有训练和比赛。体育课通常是一个星期的亮点，而且我可以保证多半学生都会赞同这个说法。上课时我们可以和同学聊天，和老师开玩笑，主要重视娱乐而不强调水平，而且体育课没有考试！此外，我还参加了校外的足球和曲棍球俱乐部。体育不仅增强了我的体魄，促进学习，而且从小学到现在，我大部分朋友都是通过体育结交而来的。

学校还会提供许多实践的机会。七年级的时候，我们去野营了三天；八年级的时候，我们去法国旅行了一周；九年级的时候在苏格兰高地旅行了两周。九年级的时候，我还参加了爱丁堡公爵奖励计划周（The Duke of Edinburgh Award），要拿该奖项的铜牌必须完成四方面的活动：体育（我打曲棍球）、技能（我会素描）、慈善服务（我在英国心脏基金会当志愿者）和野营。野营的时候，我们六个人一组，拿着指南针和地图，背着二十几公斤的背包，在三天内要走完30公里的路程；要获得银牌和金牌需要更长的时间，但负重更重。通过这个活动，我能掌握野外生存能力，锻炼自己的毅力，而且写在简历上也很漂亮。

十年级的时候，学校鼓励我们寻找实习机会。为了减少接收公司的风险，学校作为我们的代表，对我们负责。申请时，我们需要给公司打电话、发邮件、写简历和个人陈述，这对我们将来找工作非常有帮助。有些学生去医院当护士；有些学生去小学当老师的助手；有些学生去电脑公司组装电脑。我呢，去剑桥大学的生物化学系当一名博士生的助手。经过一周的实习，我了解了尖端的实验室是怎样运转的以及一流的科学家在研究哪些项目，这开阔了我的眼界，对我很有启发。

今年是我读GCSE的最后一年，一月份需要申请A-Level课程，并选择学习科目。这是个关键的过程，因为大学按A-Level成绩录取。申请时，每个学校都需要你撰写个人陈述，了解你的兴趣爱好和想上这个学校的原因。接下来，我要选择课程：A-Level或IB（International Baccalaureate，国际文凭）。当时，我很头疼，因为A-Level只让选3~4门课，而我认为这样学得太窄；IB让选6门课，学习内容广泛得多，但因为IB比较新，在剑桥教这个课程的学校都不太强。剑桥有一所在全英能排上前两名的公立学校，而它只教A-Level，所以我最后决定学A-Level，读数学、物理和化学。

总之，我在英国上学这几年学到了很多实用的知识，培养了我对体育的爱好，结交了来自许多国家的好朋友，还参加了很多有趣的课外活动。希望我的经历能为想要来英国学习的小伙伴们提供一些参考。

第三节 写给本科生和硕士生

> 在英国读大学与在中国的情况略有不同，学生在进入英国的大学后会更加努力地学习，即使这样也经常可以看到一些补考、重修、延期毕业或者毕不了业的学生。因为英国有着严格的成绩考评制度和学位等级划分，确保输出的学生都是符合学历教育要求的。本小节将介绍英国本科和研究生教育的授课方式、评估方式以及学位划分等内容，帮助学生熟悉和适应大学的学习。

1. 授课方式

在英国一门课程通常由 1~3 名老师来教授，这样做是因为每个老师的学术见解都是独特的，学校需要让学生倾听不同的声音。学生可以对老师提出的观点进行质疑（Challenge），只要学生能给出合理的解释和充分的证据，老师也希望从学生那边听到不同的见解。在有些课堂上学生可以随时向老师发问，而老师都会耐心地解答。

为了能让学生更好地理解和应用学到的知识，英国大学的授课方式也多种多样，在这里主要给大家介绍以下几种授课和教学方式：

讲座（Lecture）：讲座的学生人数从 30 到 100 不等，人数比较多的情况下会在阶梯教室进行，主要采取老师讲授、学生倾听的方式。百人左右的讲座主要教授一些公共基础课程，学生必须提前阅读大量的文献和预习老师在课堂上要讲的 PPT，每节课讲授一到两个小节的内容。预习 20~30 页的 PPT 和阅读 50~80 页的全英文文章对于留学生来说是家常便饭。

研讨会（Seminar）：研讨会是一种 10~20 人的小班互动课程，老师和学生对已经在讲座上讲过的内容进行分析和应用以及进一步的延伸和讨论，有时还会进行案例分析。学生需要提前准备本节课需要讨论的内容。

工作坊（Workshop）：通常适用于设计或者工程类专业，上课的学生人数也比较少。需要动手制作或在老师的辅导下完成一些作业。

一对一（One-to-one）辅导：这种辅导形式需要跟老师预约时间。老师与学生面对面地交流，进一步答疑解惑。尤其在学生撰写毕业论文期间，一对一辅导是最常用的形式，很多学生每周都要去见一下导师，向老师汇报进度，老师也会对学生进行指导。

2. 评估方式

英国高等教育对学生成绩的评估方式多种多样，期中和期末成绩占不同比重，例如，期中考试占40%，期末论文占60%。考评方式不仅有考试和论文，还有以下多种方式，笔者会分别做出介绍：

论文/学术报告（Essay/Report）：论文和学术报告是最常见的评估方式之一，学生通常要撰写3,000~5,000字的论文或报告，需要对老师给定的题目或话题进行论述。有些老师会给出结构要求，而有些老师只要求按照常见的论文或报告格式进行撰写则可，所以了解论文和学术报告的篇章结构很重要。尤其要注意的是，引用其他人的观点或数据的时候要指明出处（Reference），否则会被判定为抄袭，并且有相关的软件来检查论文相似度，如果学生的论文与其他论文内容相似度很高的话，不仅论文会很难通过，而且学生还会被严惩。

演讲（Presentation）：演讲是一种最锻炼学生英文水平和表达能力的考评方式，学生要将研究的问题和结果在全班同学或考官面前进行口头陈述。有可能是个人的演讲，也可能是3~5人合作完成一个演讲，最终团队的每个成员都获得相同的分数。所以每个人都要努力工作使团队获得最好的成绩，这也是最培养学生团队合作精神的考评方式。

考试（Exam）：考试是英国大学里最常见的考核方式，比如经济学专业、金融专业、会计类专业、数学专业、精算专业、管理和市场营销专业都会采用考试这种评估方式。有些老师会圈出几个话题或者划出考试范围，学生可以根

据考试要求,选择其中几个有把握的试题进行准备和复习。在有些科目的考试中,学生可以自带计算器或纸制英文词典,方便在考试的时候使用和查询。

辩论(Debate):辩论这种评估方式会出现在商学和法律这种更需要考查学生口才和思辨能力的学科中。通常四人一组,在老师列出的众多题目中选择一个话题,两人支持正方观点,两人支持反方观点,在规定的时间内进行辩论。辩论前正反双方不得提前向对方透露观点,辩论结束后同组的两人获得相同的成绩。辩论是对母语为非英语的学生的一项挑战,但是只要坚持下来,学生的英语水平会有显著进步。

总之,学校对学生成绩的评定是十分严谨的,老师会对各项指标分别打分,进而评定出最终的成绩。而且通常会有两个考官(Examiner)来给学生进行评定,若两个老师对学生成绩的意见不统一,会引入第三个考官。除此之外,如果学生对老师给出的成绩不满意,还可以要求老师重新评定成绩。

3. 英国学位的等级划分

首先向来英国读本科的学生介绍英国的学士学位等级划分。相信通过前几章的介绍,大家已经对学士学位的等级划分有了初步的了解,如果还不了解请参表29。在英国,学生拿到60分已经是很好的成绩了,60分或以上的成绩相当于2:1等学位,取得2:1或以上学位等级的学生在英国的升学和就业都会有比较好的起点。大一的成绩是不计入最后的成绩评定的,学校会给学生一年的时间来适应英国的学习和生活,而大二和大三的成绩会按照不同比重来计入最后的学位评定,例如大二占40%,大三占60%。就所获得学位等级的比例来说,最后拿到2:1和2:2学位等级的学生所占的比例较大,而只有10%的学霸学生最后能拿到一等学位,有少数的学生最后拿到三等学位,还有更少数的学生最后没能毕业或延期毕业。

表29 英国学位的等级划分

等级	英文	简写	成绩要求
一等学位	First class degree	（1st）	70或以上
二级甲等	Upper-second class	（2:1）	60~69
二级乙等	Lower-second class	（2:2）	50~59
三等学位	Third class	（3rd）	40~49

英国的硕士学位划分为三个等级，分别是通过（Pass）、良好（Merit）和杰出（Distinction），少数学霸学生平均分达到70或以上的成绩可以取得"杰出"的学位，成绩达到60~69的学生会拿到"良好"的学位，而其他通过最后评定的学生会拿到"通过"的学位。要获得英国的硕士学位需要修满120个学分，以12个月的授课式硕士为例，第一学期和第二学期上课，第三学期写论文。每个学期要上3~4个课程模块（Module），相当于3~4门课程，每个课程模块分别占10~20个不等的学分，毕业论文所占比重较大，要占到30~40个学分。硕士最后的学位等级是按照每门课程的成绩乘以它的权值比例后得出的最后的平均分所评定的。如果学生只完成前两个学期的课程而没有完成最后的论文，学校将颁发硕士文凭（Graduate Diploma）而不是硕士学位（Master Degree）。

总体来说，在英国接受高等教育比较辛苦。学生不仅要适应国外的学习环境，还要适应国外的生活环境。而且英国的学历教育比较严苛，不是随随便便就能毕业和取得好成绩的。但是，如果学生坚持下来了，就能拥有更多的收获，学到一些比较实用的本领或世界上比较领先的理论和科技。一分耕耘，一分收获，付出的努力终将会得到回报。

第四节 写给博士生

> 想要在英国攻读博士的学生在英国安顿下来后便开始进入博士学习的阶段。大部分英国学校在新学年开学时，除了提供面向所有学生的新生周（Orientation Week 或 Fresher's Week）以外，通常还会专门给博士生提供一个较为简短的新生活动。活动一般只持续半天，简单地介绍一下博士的学习是什么样的，如何考评的，以及学校的图书馆有哪些资源可供学术研究等。那么，作为一个准博士生，学生应该知道哪些信息呢？

1. 学习方式

说起博士的学习方式，除了部分学校要求博士在第一年上课以外，博士的绝大部分时间都用在搞研究上。如果你所在的学校没有给博士开课的话，那么从博士开学的第一天起，你就可以开始准备你的博士毕业论文了。学习的内容主要包括阅读、思考、做数据、分析数据、写文章等。当你碰到自己解决不了的问题或是想不明白的地方时，可以联系导师约一个双方合适的会面时间，然后当面向导师请教，寻求导师的指点。如果问题较为简单，一封邮件就可以解释清楚的话，你也可以通过邮件与导师联系。得到指导后，便开始了另一轮的自我学习—遇到问题—解决问题的轮回。对于文科博士来说，这样的循环往复会持续到你的毕业论文写完为止。写完并且修改好毕业论文以后，你就可以提交了。恭喜你，你的学生生涯到此就完全结束了。这里纠正一个常见的错误认识，博士是所有学位里最高的，而博士后不是一个学位而是一份工作。

除非你的导师特别要求你必须在博士毕业前发表论文，否则学校对于博士毕业是否要发表论文一般是没有任何要求的。博士就读期间，任何一天都可以提交毕业论文，也就是说，只要论文通过，全年的任何一天你都可以毕业。那大家可能想问了，既然没有课，也不需要在读博期间发表论文，那为什么大多数人还是读了3~5年才毕业？那是因为，你毕业论文的学术水平一定要高，虽然不要求发表，但是毕业论文的质量要达到可以发表的水平，而且是国际期刊里中上等的水平。学校之所以没有要求在读博期间发表论文，主要是因为期刊的审稿周期长，从投稿出去到最后发表出来，中间经过两年是比较正常的；再加上，如果学生毕业以后不打算继续从事研究工作，而打算走进企业做与科研无关的工作的话，也没有必要在读博期间花费那么多的时间和精力去投稿和修改稿件。虽然学校不要求在读博期间发表论文，但博士生除了要管理好自己的日常学习以外，每年还要接受所在院系的考核，以确保学生本年度的学习进度符合学校的要求。

2. 考核方式

英国博士每年有一次年度考核（Annual Review）。博士生的年度考核一般有以下三种形式（笔者总结为3P）：书面报告（Report）、面试（Panel Interview）和演讲（Presentation），其中面试（Panel Interview）相当于迷你版的答辩。

书面报告（Report）：书面报告是最常见的考核形式，字数从五千到几万字不等，取决于是第几年的考核和哪个院系。书面报告的内容一般是按照系里要求的格式，总结本年度的研究进展和陈述接下来的学习规划。书面报告一般由系里分配的 1~2 名老师审阅并评判，老师会给出一份评判报告，判定该学生是否通过这一年的年度考核并根据该生的书面报告列出具体的不足与如何提高的意见。除了审阅论文的老师以外，学院一般不会把学生的书面报告公示给其他老师和博士生看。

面试（Panel Interview）：面试的考核形式像是一场迷你版的毕业论文答辩。由系里分配的两名老师针对该学生的博士研究进行提问。时间从半小时到两小时不等，何时提问完毕何时结束。面试结束后，两名考核老师商量出评判结果。除了该学生与这两名老师以外，一般没有其他人在场。

演讲（Presentation）：演讲是最不常见的年度考核形式。演讲前学生需要提前准备好 PPT 并进行排练，在演讲现场把自己这一年的研究展现给大家

系里一般会提前给其所有的博士生和老师发邮件，邀请大家观看演讲，并现场向学生提问。演讲时长为 15~25 分钟，问答环节为 5~10 分钟。这种考核形式虽然不常见，但因与学术会议报告的形式类似所以值得在这里讲讲。

博士生每一年的年度考核都需要通过，尤以第一年的年度考核最为重要，因为这是博士毕业论文的开题答辩。第一年的主要任务是调整并确定博士毕业论文的题目与研究方法，这一年的年度考核如果没有通过的话，3 个月内还有第二次考核的机会。第二次考核如果通过了，则可以继续博士学位（PhD）的研究；如果第二次考核没有通过，则该学生的课程等级会从 博士学位（PhD）降到研究型硕士学位（MPhil，Master of Philosophy）。通过第一年年度考核的学生身份会从学生（PhD Student）确定为候选人（PhD Candidate）。如果你发现一位博士生在自己的邮件签名里写着"PhD Candidate in xxx"专业，那就意味着该学生已经通过了博士生第一年的年度考核。但也有一些学生不想修改自己的名头继续使用 PhD Student。

至于第二年与第三年的年度考核，每个学校的具体要求不太一样。但基本上都是要求学生这一年的研究要有不错的进度，达到博士学位的水准，能够在计划的时间内完成博士毕业论文。这两年的年度考核，只要正常地学习一般都是能顺利通过的。

接下来最重要的考核就是提交博士毕业论文并进行毕业答辩了。根据英国目前的签证政策，博士生应该在博士入学后第四年最后一个月的最后一天之前向学校提交自己的博士毕业论文。除非有特殊情况，可以向学校申请延期提交，否则学生都得在这一天之前提交毕业论文。

博士毕业论文提交以后，通常 1~3 个月内学校通常会通知你毕业答辩的时间。博士毕业答辩一般会有 2~3 位答辩老师参与。这其中不包括你自己的导师。答辩老师中至少有 1 位来自外校。这里的"外"字是没有限定的，也就是说可以是本市的另一所学校，也可以是本市以外的学校，甚至是英国以外的学校。学校会在全球范围内找一位与你的研究领域最为接近的学者。笔者第一次到达英国的机场时就碰到了一位作为外审来英国参加博士毕业答辩的"旅友"。他说他只在英国逗留一天，完成外审工作之后他就飞回自己的学校，继续他的研究工作。

总之，博士生的学习是非常辛苦的，需要坚定的毅力和持之以恒的精神。除了要擅长学术研究以外，还要安排好自己的生活。最后，预祝大家都能顺利地完成博士学业。

经验分享：学霸教你论文如何拿高分

（分享人：胡玉洁，杜伦大学博士研究生）

在英国读书期间，对于文科博士来说，论文在学生的成绩考评中占了很大的比重，而且由于中英两国的学术标准和要求不同，刚来英国的学生在写论文这件事情上会感到摸不着头脑。如果大家对写论文头痛的话，请阅读学霸姐姐给大家分享的关于写好英国学术论文的如下建议：

建立思路：思路很重要，不能靠字数堆砌。培养思路先要阅读，通过阅读增长基础知识。在有基础知识的前提下，时常思考一些为什么，例如老师为什么会布置这道案例？他/她想从学生这里知道些什么？上课时老师提到了哪些理论？为什么着重讲解了这个理论？这个理论能否真正回答这道题目？我能否找到关于这个理论的延伸理论？除了思路之外，框架也很重要。这里的框架，既包括文章的大纲，也包括承上启下的逻辑连接。

字数的分配也不容小觑，尤其对于毕业论文来说。一般一篇一万字左右的毕业论文字数分配大概是这样的：

摘要（Abstract）200字（约占2%）；

引言部分（Introduction）800~1,000字（约占8%~10%）；

文献综述（Literature review）3,000~4,000字（约占30%~40%）；

研究方法（Methodology）800~1,000字（约占8%~10%）；

发现与分析（Findings and analysis）3,000~3,500字（约占30%~35%）；

结论（Conclusion）800~1,000字（约占8%~10%）。

关于图表：图表不要用太花哨的，因为会显得不够学术、不够正式。已经发表的学术文章，里面的图表通常都是黑白的。一般的学期期末论文，不是只能做成黑白色，一些大方的纯色，比如蓝色也都是可以接受的。

重视结论：一个好的结论对于论文的升华，可以起到加分的作用。有的学生写结论这一部分的时候就只写一段，甚至只有几句话，若不是学校要求写这一部分，恨不得直接略过。一些学弟、学妹问我，结论到底是用来做什么的？

文章的总述好似在引言部分已经写过了。其实，结论部分是对全文的总结，与引言部分最大的不同是结论部分里需要着重写你研究出来的结果。而引言部分里是绝对不会出现你的研究结果的，写的只有这篇文章的写作意图、研究意义和文章的大纲。

学术期刊的引用：引用重量级和高质量的学术期刊，是让你的论文升华的方法之一。简单地说，你引用的文献越牛，越显得你的文章是"站"在牛人的肩膀上完成的，老师也会觉得你引用文章时是经过深刻考量的。一般来说，学术期刊的重要程度，既可以通过搜索学术期刊排名来知晓，也可以询问老师和同学，还可以直接在搜索引擎里搜索你所学领域里的学术期刊排名，比如商科的学术期刊，每年的最新排名都可以在 ABS（Association of Business Schools）的网站上找到。

有些老师甚至喜欢学生在论文里引用一些时事新闻，因为这表明该学生有把理论跟实际社会相结合的能力。但是请大家注意，这里的新闻链接最好是英文的，越知名的媒体越好。这里给大家列举几家英国知名的新闻媒体：BBC（英国广播公司，www.bbc.co.uk/news/）、*The Telegraph*（《每日电讯报》，www.telegraph.co.uk/news/）、*The Guardian*（《卫报》，www.theguardian.com/uk）。

除了以上综合性的新闻网站以外，每一个专业都有自己的专业性网站，也非常值得大家平时在网上冲浪的时候阅读，比如人力资源管理专业有 CIPD（英国特许人事发展协会，www.CIPD.co.uk）和 *Personnel Today*（《今日人事》，www.personneltoday.com）；金融类专业有 *Financial Times*（《金融时报》，www.ft.com）、*Bloomberg Businessweek*（《彭博商业周刊》，www.bloomberg.com/business）和 *The Economist*（《经济学人》，ww.economist.com）等。

语言运用：论文要想拿高分，语言也是其中不可忽视的一部分。虽然作为中国人英语不是母语，但是基本的语法最好不要出错。即便是无法使用特别地道的表达方式，也要力求用准确、简洁的语言表达清楚思路。论文完成后，如果觉得自己已经挑不出毛病了，那就找一位信得过的朋友帮你看一看。笔者的亲身体会是，即使是最简单的语法问题，甚至是拼写错误，自己在检查的时候

也总是会忽略掉一些，而这个时候，朋友即便只是帮忙阅读一遍，也都有可能找出一些错误。

总之，写论文是慢功夫，需要进行大量的资料搜集和整理，运用清晰的思路，按照标准的论文结构和格式来撰写。学生开始的时候可能会摸不着头脑，但写过2~3篇论文以后就能得其要领了。希望以上建议对在英国攻读博士的学生有所帮助！

第九章
生活在英国

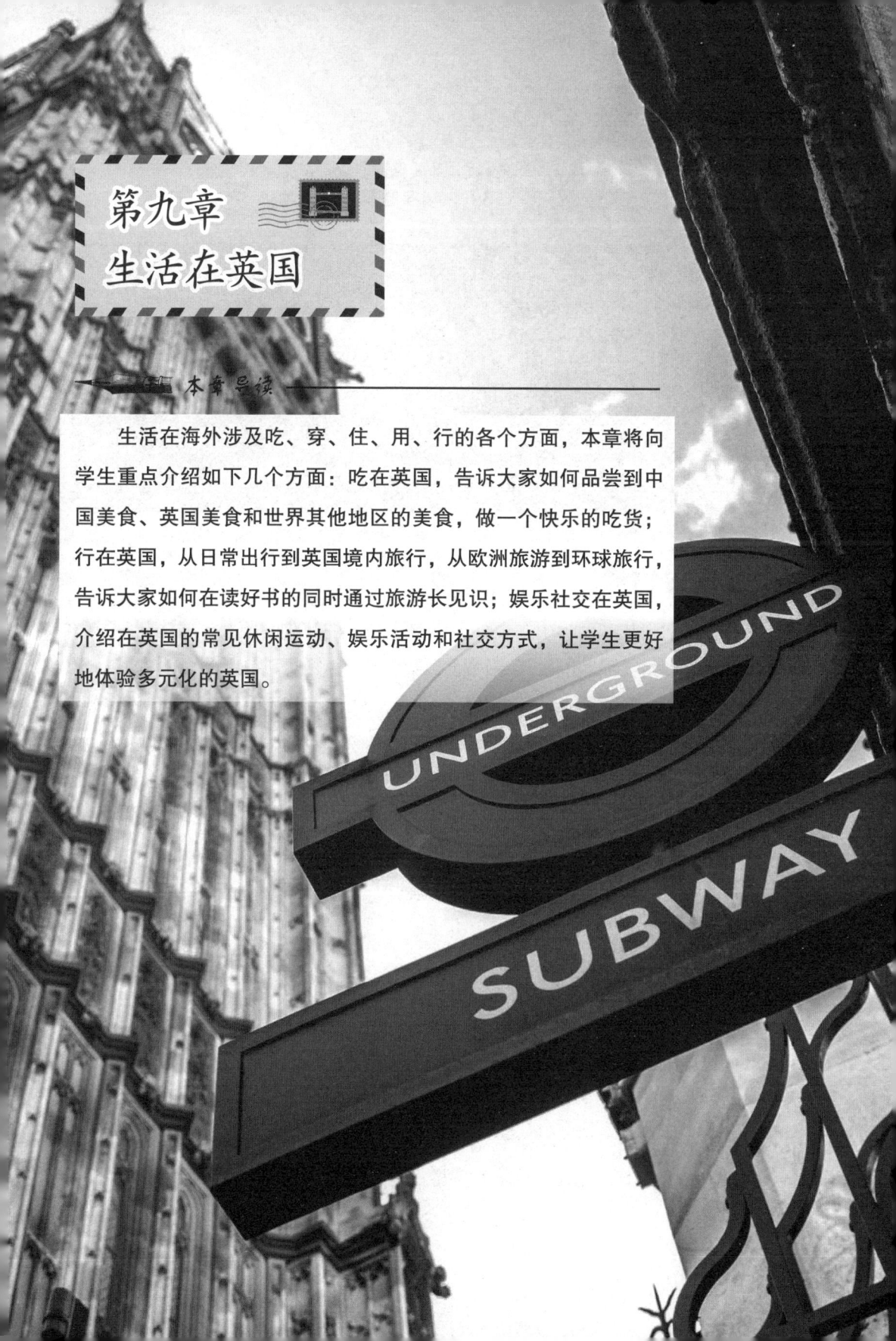

本章导读

　　生活在海外涉及吃、穿、住、用、行的各个方面，本章将向学生重点介绍如下几个方面：吃在英国，告诉大家如何品尝到中国美食、英国美食和世界其他地区的美食，做一个快乐的吃货；行在英国，从日常出行到英国境内旅行，从欧洲旅游到环球旅行，告诉大家如何在读好书的同时通过旅游长见识；娱乐社交在英国，介绍在英国的常见休闲运动、娱乐活动和社交方式，让学生更好地体验多元化的英国。

第一节 食在英国

"人以食为天"这句话同样适用于来英国的留学生。如何在异国他乡吃得经济、吃得营养、吃得艺术，是本小节着重要讨论的话题。本小节首先向大家介绍英国各大超市及基本食物，并给出一些日常的营养建议；然后向大家推荐一些英国的特色美食和在英国比较受欢迎的来自世界各地的美食；最后为了满足大家的中国胃，笔者会推荐一些吃中餐的最佳地点，并介绍如何在家里自制中餐。

1. 基本食物

对于刚来到英国的学生来说，想要解决基本的饮食问题，需要从熟悉英国的各大超市开始。英国的大型连锁超市非常多，包括提供高品质食物的维特罗斯（Waitrose）和玛莎百货（M&S）；带有橙色标志、同样提供高品质食物的森斯伯瑞超市（Sainsbury's）；中国学生比较熟悉的全球连锁品牌乐购超市（Tesco）；提供低价商品的利德超市（Lidl）和莫里森连锁超市（Morrison）；24小时营业的阿斯达超市（ASDA）；这些连锁超市遍布英国的大街小巷，学生可以很方便地找到它们并购买到心仪的食物。

1.1 超市食物

英国超市提供的食物种类繁多，在此对超市食物进行简单的介绍。

蔬菜： 英国超市最常见的蔬菜有：西红柿、土豆、蘑菇、洋葱、黄瓜等，像白菜和青椒这些蔬菜比国内卖得贵一些，但是西兰花卖得比较便宜，学生可以经常购买；

水果： 在英国超市里基本看不到荔枝、山竹等水果（十分想吃的学生可以到中国超市购买），葡萄、草莓、樱桃、蓝莓等水果营养丰富而且价格与国内差不多，大家可以多多购买和食用；

奶制品：英国的奶制品既便宜又好吃，因为牛奶有政府补助以保证全民能每天喝一杯牛奶。不仅英国的牛奶味道纯正，而且与牛奶相关的食品，如巧克力、酸奶、冰激凌等也都非常好吃；

肉蛋及海鲜：英国的鸡蛋和鸡肉相对较便宜，牛肉和羊肉就会比较贵一些。喜欢海鲜的学生可以多吃一些鳕鱼和三文鱼，它们非常新鲜而且价格不贵；

罐头和冷冻食品：英国人喜欢把食物做成各种罐头，除了国内常见的水果罐头和鱼罐头之外，还有英国人最爱的各种豆类罐头、蘑菇罐头、西红柿罐头，以及各种汤类罐头。冷冻食品比新鲜的食品更便宜而且保质期也更长，想节省生活费用的学生可以购买一部分冷冻食品来搭配食用。

酒水和饮料：英国的酒精饮料只能售给18岁以上的成年人，长相比较年轻的学生请自带身份证明材料；英国的果汁种类很全而且非常好喝，除了单一品种的果汁外，还会有混合的果蔬汁销售，而且不含添加剂，通常是原汁原味的。

1.2 省钱秘籍

留学生想要节省开支，可以学习一些在超市购物的小技巧：

（1）办理会员卡：办理超市会员卡可以积分而且可以收到超市的打折信息和一些折扣券。英国超市的积分比较实惠，可以直接当钱使用来购买商品。相对于国内积分换礼品的方式，这种方式给消费者更大的选择余地，可以兑换成自己所需的商品；

（2）关注打折产品：超市里经常会有打折产品，特别是一些快要过期的食物，通常会半价出售。学生可以少量购买，买回去以后尽快食用；

（3）关注促销信息：超市里经常会有"3 for 2"的标志，意思是买三件产品只付两件的钱；还有买一件2英镑，买两件3英镑的促销。这时候就可以几个同学结伴购买，来减少总体开支。

1.3 营养建议

初到英国的学生，由于中英饮食习惯的不同，可能会对当地饮食感到不适应。但是即使在异国他乡也要合理安排每天的膳食，营养专家给辛苦在外的留学生提出如下建议：

- 多吃蔬菜和水果；
- 每天吃适量富含蛋白质的食物，如鸡蛋、豆制品、海鲜和肉类；
- 摄取适量的主食，如面包、大米、土豆、面条；
- 食用适量的奶制品，如鲜奶、酸奶、奶酪；

总之，大家要调整好自己的饮食，均衡营养。因为身体健康是从事其他一切活动的基础，只有身体好了，才有精力好好学习。

2. 英国美食

谈起英国的食物，在英国留学的学生会吐槽说：除了炸鱼薯条（Fish and Chips）以外，英国貌似就没有什么属于自己的食物了。而且英国食物素来以"黑暗料理"著称，很多菜的制作方法非常简单，而且搭配很奇怪，即使是主菜，也只是牛、羊、猪肉分别与土豆和另外一种蔬菜的排列组合，没有什么新意。

受地理及自然条件所限，英国的农业不是很发达，很多粮食、蔬菜和水果都要依靠进口，而且英国人也不像法国人那样崇尚美食，因此英国菜相对来说比较简单。英国人也常自嘲不精于烹调，但英式早餐的内容却比较丰富，英式下午茶也是格外丰盛和精致。

★ 英式早餐

英式早餐（English Breakfast）是英国饮食文化中很重要的一部分，相对于英国人经常吃的三明治+薯片的午餐来说，英式早餐可谓相当丰盛了。曾经有位叫 W.Somerset Maugham 的作家就暗讽说："To eat well in England you should have breakfast three times a day.（如果想在英国吃得好，那你得一天三顿都吃早餐）"。该说法一方面讽刺了英国食物过分简单，另一方面证明了英式早餐的丰盛和其在英国饮食文化中的重要地位。

英式早餐通常包括：培根（Bacon）、香肠（Sausage）、豆子（Baked Bean）、鸡蛋（Egg）、番茄（Tomato）、蘑菇（Mushroom）、炸薯块（Harsh Brown）、黑布丁（Black Pudding），再加上烤制的切片面包，面包上边可以涂满黄油和各种果酱，英式早餐中较为重要的还有早餐茶，与中国人喝茶叶的习惯不同，英国人喝的主要是茶包（Tea Bag），而且茶里可以根据个人口味添加糖和牛奶。

英式早餐的起源已无从考证，传说是国王和骑士到处去打仗，为了能够更有体力和干劲上战场杀敌，一份丰盛的早餐就显得尤为重要。于是他们在荒郊野外就地取材，将番茄和蘑菇等食物凑在一起吃。后来，这种王室早餐就在英国乡村流传开来，于是美好的一天就从英式早餐开始了。

★ **英式下午茶**

英式下午茶（Afternoon Tea）也是最能代表英国文化的社交和休闲方式之一。下午茶最早流行于英国的上流社会，后来逐渐普及到普通民众。据说英国下午茶的开创者是一位叫安娜的公爵夫人。19世纪初的英国，人们每天只吃早晚两顿饭，一到下午就会非常饿，于是安娜夫人就经常邀请其他夫人和小姐们一起吃茶点。之后，这种午后茶点就慢慢在上流社会流行起来，其重要的功能就是消遣下午时光和进行社交。

而对于工人阶级来说，通常要晚上八点左右才能就餐，所以有顿下午茶过渡是十分必要的。传统意义上，英国上流社会的轻便下午茶叫作Low Tea，而流行于中下阶层、英格兰北部和苏格兰地区的下午茶叫High Tea，因为吃的内容更丰盛一些，更能充饥。

传统的英式下午茶从四点开始。标准配置是三层瓷盘装盛的点心：最下面一层放三明治，中间一层放传统英式点心司康饼（Scone），最上面一层放蛋糕和水果塔。食用顺序是从轻淡到重口、由咸至甜，一般是自下而上开始吃。正统的下午茶一般用纯品茶，比如大吉岭、伯爵茶、锡兰茶等，不过现在花茶、奶茶等作为下午茶饮也很常见了。喝茶的顺序是先倒茶再加牛奶，喜欢甜食的还可以在茶里加点糖。

★ **英国特色食物**

吃过了早餐，喝完了下午茶，现在给大家介绍几道具有英国特色的菜品。英国料理的风格向来都是简单方便，人们日常吃的就是各种三明治、各种馅饼、炸鱼配薯条，以及各种肉类与土豆的组合。下面介绍的几种食物都是非常具有英国特色的。

炸鱼薯条（Fish and Chips）：提起英国食物，人们首先想到的就是炸鱼薯条，这是一种几乎能代表整个英国的特色食品。炸鱼薯条是英国最流行的外卖菜品，全境有超过1.1万家炸鱼薯条店，每年大约能卖出2.55亿份。这一传统美食是将鱼（一般是鳕鱼和黑线鳕）两面裹粉后煎炸，再配上比美式薯条更加粗厚的英式薯条。进餐时的调味料包括盐、醋、番茄酱或蛋黄酱沙司以及豌豆糊。如果沿着英国海岸旅行，炸鱼薯条是必吃的一道菜，这道小食在英国的地位和流行程度相当于韩国的炸鸡啤酒。

杰克薯仔（Jacket Potato）：杰克薯仔是英国最传统的土豆菜品之一，制作起来很简单：精选大个土豆洗净，切十字花刀，外皮涂黄油蘸盐，十字花刀里塞满黄油，用锡纸包好，烤箱设定230度，烤制30分钟。土豆烤好以后，里面可以添加各种馅料，比如金枪鱼、甜玉米、火腿，再加蛋黄酱，盛盘后配以各种蔬菜和沙拉。该烹饪方法在英国已经有200多年的历史，烤土豆热量低、脂肪低、食后容易产生饱腹感，是一道难得的健康减肥菜品。

哈吉斯（Haggis）：哈吉斯是苏格兰最有特色的传统大餐，也是来苏格兰游玩的游客一定会尝试的一道美食。第一次吃的人可能会有些不适应，这其中就包括英格兰人，因为英格兰人通常是不吃动物内脏的，所以苏格兰人一直被英格兰人认为是"野蛮"和"彪悍"的。哈吉斯的做法是将羊杂（羊的心、肝、肺）、羊脂、洋葱、燕麦粉和各种调料磨碎搅拌，然后装进羊的胃中扎紧，再放入沸水中煮熟。吃的时候配以萝卜、甘蓝、土豆等蔬菜，还可以撒上盐、胡椒等调味料。哈吉斯在苏格兰的餐馆和商店中非常常见，而且增加了各种形式

和口味，甚至有为素食者准备的哈吉斯。

香肠土豆泥（Potato Mash）：如果提及在英国酒吧点单率极高的一道菜，那非香肠土豆泥莫属，几乎每家都有。通常是3根香肠或是一长条绕成圆圈的香肠铺在大量的土豆泥上，香肠以湖区特产的坎伯兰香肠（Cumberland sausage）为最佳选择，然后淋上相当于英国"蚝油"的洋葱牛肉汁（Gravy）。有的地方也会配合当地特色，加入派（Pie）或布丁。这道菜的特点是非常管饱，价格为5~10英镑不等。品尝这道菜的最佳地点是湖区和布莱顿，因为前者以香肠出名，而后者以土豆泥出名。

周日烤肉大餐（Sunday Roast）：在英国每到星期天，很多传统餐厅和酒馆的菜单上就会出现周日烤肉大餐。该烤肉大餐一般包括烤肉（如羊羔肉、牛肉、鸡肉和猪肉）、烤土豆和各种蔬菜，还会配以约克郡布丁和各种风味的酱汁。这是一道非常传统的英国美食，如果大家厌倦了炸鱼薯条的话，可以来尝试一下这种由肉类和蔬菜组合而成的英国经典菜品。

3. 各国美食

英国的多元化也体现在食物上，在这里大家可以轻而易举地吃到来自世界各地的美食，法国蜗牛、西班牙海鲜饭、意大利比萨、日本寿司、韩国烧烤、印度咖喱，当然还有最让我们骄傲的中国菜。如果你是个资深吃货，英国食物满足不了你的胃口，那么来自世界各地的美食必定可以让你心满意足。

★ 法国美食

法餐的口感之细腻、酱料之美味、餐具摆设之华美，简直可以说是一种艺术。法餐中的三大法宝是：鹅肝、松露和蜗牛。法国的牛排也非常出名，再配以法国庄园所产的葡萄酒，简直是人间极品。如果有机会的话，大家可以去米其林餐厅品尝正宗的法国菜，也算是不枉来欧洲一趟。其他受留学生欢迎的法国食品还有马卡龙、法式松饼和法棍等。

★ 意大利美食

提起意大利菜，最耳熟能详的就是意大利面和比萨饼了。由于比萨和意大利面简单易烹饪，因此它成为很多留学生自制菜品的首选。比萨在超市就有现成的半成品，买回来之后可以加上自己喜欢的香肠和蘑菇等放入烤箱进行再加工，只要5~10分钟就可以轻松搞定。意大利面的形状多种多样，大家买回来煮好之后，放入自己喜欢的海鲜、肉类、蔬菜和酱料，就会烹饪出不逊色于餐厅水准的意大利面。

★ 西班牙美食

提起西班牙美食，西班牙海鲜饭（Paella）绝对能代表这个民族奔放和热情的性格，它与法国蜗牛、意大利面并称为西餐三大名菜。西班牙海鲜饭卖相绝佳，黄澄澄的饭粒用名贵的香料藏红花调味，饭中点缀着无数虾子、螃蟹、黑蚬、蛤蜊、牡蛎、鱿鱼等，热气腾腾，令人垂涎。如果你有机会去西班牙旅行，可以试着在观看佛朗明戈舞和斗牛舞的同时品尝西班牙海鲜饭，再配以西班牙水果酒，

简直爽呆了。

★ 印度美食

印度食物在英国也比较流行，因为印度是英国的早期殖民地，印度人口在英国的外来人口中占有很大比例，所以印度的饮食也影响了英国的饮食文化。其中最受英国人喜欢的印度菜就是咖喱（Curry），餐馆中鸡肉咖喱和牛肉咖喱特别受欢迎，当然素食者也可以选择蔬菜咖喱，英国人还很喜欢在家中自制这道菜。大家可以在超市里购买到多种口味的咖喱调料，回家自行尝试。

★ 日本美食

不知是何原因，日本食物在英国特别受欢迎，也许是因为其健康的烹饪理念。在英国也可以找到一些日本文化的痕迹，当中文不太流行的时候，很多英国人都把日语作为主要学习的亚洲语言。像 Superdry 这种模仿日本风格的品牌服饰在英国非常受欢迎；像 Itsu、Wasabi、Wagamama 这种日式风格的连锁快餐店也随处可见。很多英国人就是为了吃寿司才学会了用筷子。

4. 可口中餐

在品尝了各国美食之后，作为"中国制造"（Made in China）的纯正中国人，一定要时不时地吃一下中国菜才能满足自己的中国胃，同时缓解思乡之苦。

吃中餐最好的去处当然是唐人街（Chinatown）。除伦敦以外，英国其他华人聚居比较多的地方都有唐人街，如曼彻斯特、谢菲尔德和伯明翰。虽然被称为 Town，但其实只是几条小街而已，所以这些地区都被称为唐人街。即使是英国规模最大的伦敦唐人街也只有三条街而已。唐人街麻雀虽小却五脏俱全，里面云集了各类中国和亚洲其他国家的美食，就连煎饼果子、兰州拉面这种地道的小吃都可以在这里找到。

除了去中餐馆之外，留学生多数情况下会选择在家里自制中餐。那些原来在家里连厨房都不进的学生，经过几个月的磨炼后都能做出几样拿手好菜。所以大家都戏称："来英国后提高最快的不是英文，而是厨艺。""出国前比进新东方学英语更实用的，是进入新东方厨师学校学烹饪"。闲话少叙，下面就简单介绍如何在英国制作中餐。

首先是中餐的原料。制作中餐的所有基本原料都可以在唐人街买到，即使是没有唐人街的城市，大家也可以在中国超市找到它们的身影。有特殊口味和爱好的学生，可以在出国前自带一些特色的中国调味料和原材料，也可以让回国的学生捎带一些，因为在英国，中国食品的价格要比国内的食品价格高出好几倍。如果想节省成本的话，可以从国内带一些轻便的和体积较小的食品。

接下来是制作中餐的工具。很多西餐工具都可以用来制作中餐。唯一不可替代的就是电饭煲（Rice Cooker）了，无论是煮米饭、炖菜或煲汤都能用得上它，而且特别方便，选好功能按下按钮就可以了。虽然大家也可以在 Argos 找到电饭煲，但是就是没有从中国带来的好用。蒸锅的话，也可以在 Argos 和烹饪商店里找到，基本都好用。早年来英国的学生，会把擀面杖和菜刀都带着，但是随着国际贸易的高速发展，这些工具也都可以在英国找到了。

最后是中餐的制作。如果你在出国前没有学会妈妈的厨艺也没有关系，现在网上有各种菜谱，想吃什么直接到网站上去查就好了。如果不喜欢看文字的话，YouTube 上还有各种做菜的视频能给予更直观的指导。更有一些做菜的软

件可以下载到手机上，这些软件还会定期给你推荐各种健康的饮食和菜谱。总之，做菜这种实用技能，对于适应能力强的留学生群体来说，只是需要学习的众多海外生存技能中的一项，不是什么特别大的问题。

本节小结：去英国留学，除了学习之外，品尝英国特色美食和世界各地美食也是很重要的一种留学体验。这里有各式各样的餐馆和酒店可供大家品尝各色美食，每年还有各种主题的美食节。如果英国食物不能满足你的需求的话，来自世界各地的美食一定能满足你一个吃货的胃。如果想吃得经济实惠，可以到 Groupon 或 Thefork 上去团购一些美食套餐。还有就是，别忘记学两手，烹饪几道拿手好菜，向国内的同学和家长展示一下你除了海外学历之外的留学成果。

延伸阅读：西餐礼仪

来英国留学以后，大家在各种场合中吃西餐的机会就多了。所以了解一些基本的西餐礼仪是很有必要的：

▲ 预约和着装礼仪

一些比较高级的餐厅去吃饭前是要提前预约的，预约的时候要说明人数和时间，如果因事不能出席应该提前取消。有些热门的高档餐厅甚至要提前1~2个月预约，所以取消不能去的预约把位置留给别人是非常重要的礼仪。去高档餐厅吃饭的时候要注意着装礼仪，不能穿着太随便的服装。进入餐厅的时候，男士应该为女士开门；入座的时候，男士应帮助女士就座后再入座。

▲ 点菜和点酒

吃西餐的时候会上三轮菜品：前菜（Starter）、主菜（Main Course）和甜点（Dessert），服务员会等客人吃完前菜后再上主菜，主菜吃完再上甜点。前菜通常是各种汤和开胃菜品，主菜是牛、羊、鱼肉和各种蔬菜的组合，甜品是冰激凌和各种小甜点。因为英国的酒水种类比较多，如果你不知道如何点酒水，请参考"红肉搭配红葡萄酒，白肉搭配白葡萄酒"的原则，上菜之前可以点香槟或雪利酒等清淡的酒品作为开胃酒。

▲ 刀叉用法

西餐的餐具种类很多，刀叉分为肉类用、鱼类用、前菜用、甜点用，而汤匙除了分为前菜用、汤用和咖啡茶用之外，还有调味料用汤匙。大家面对摆在面前的一大排刀叉和汤匙通常会不知所措，不知道吃哪道菜品的时候该用哪套餐具，按照从前菜到甜点的顺序从外向内使用餐具就好了。如果用餐过程中想要休息片刻，可以把刀叉摆成"一字"或"八字"放在餐盘上；如果要提示服

务人员自己已经用餐完毕，则需要把刀叉平行摆在盘中，注意刀子的内刃朝向自己，叉子的内侧朝上。

▲ 用手直接吃的食物

有些食物用刀叉吃是很不方便的，所以可以用手拿着吃，下面是一些可以用手拿着吃的食物：带芯的玉米、肋排、带壳的蛤蚌和牡蛎、龙虾、三明治、干蛋糕、小甜饼、某些水果、熏肉、蛙腿、鸡翅和排骨（非正式场合）、土豆条或炸薯片、小萝卜、橄榄和芹菜等。如果你不确定哪些食物是需要用手拿着吃的，只要跟着主人做就可以了。

▲ 餐巾用法

点完菜后，在前菜送来前的这段时间把餐巾打开，向内折三分之一，让三分之二平铺在腿上，盖住膝盖以上的双腿部分。最好不要把餐巾塞入领口。暂时离开座位时，轻轻地将餐巾折好，很自然地放在餐桌上。千万不要把餐巾搭在椅背上，或是揉成一团放在桌子上。

▲ 其他注意事项

吃饭和喝汤的时候请不要发出声音；与人交谈的时候，嘴里不要有食物；吃饭的时候切忌一边谈话，一边挥舞刀叉；中途离席的时候，要与左右和对面的人说抱歉后再起身离席；要吃干净盘中的食物，不要浪费；用餐过程中通常要对食物表示赞美，用餐结束后要对主人表示感谢。

第二节　行在英国

> 本小节会先介绍学生每天乘坐的公共交通工具，然后介绍英国境内出行、欧洲旅行，甚至是环球旅行，为学生的出行做出全方位的指导。内容包括：如何选择出行方式，是乘坐巴士、飞机、火车、邮轮还是自驾？如何预订经济酒店、廉价航空？如何申请各国签证？其中还穿插了旅行小贴士，为学生的经济出行、便捷出行提供参考。

1. 日常出行

有些学生所在的留学城市比较小或者住宿距离学校比较近，每天靠走路就可以抵达日常所要去的所有地方。有些学生住在比较大的城市或者住得距离学校比较远，那么就要借助交通工具来实现日常出行。下面就介绍日常出行常见的交通工具。

★ 公交巴士（Bus）

公交车是人们日常出行最常用的公共交通工具，对于住在爱丁堡、谢菲尔德、布里斯托、利兹这种英国中等规模城市的学生来说，公交车几乎是日常出行必需的交通工具。公交车票分为很多种：单程票（Single Ticket）、日票（Day Ticket）、周票（Weekly Ticket）、月票（Monthly Ticket）和年票（Annual Ticket）。单程票是上车购买，下车作废，只能使用一次；而日票，只要是乘坐同一家公司的公交车，24小时之内可以反复使用；周票和月票适合每天都乘坐公交车上下学的学生；年票比较适合已经在英国工作或长期定居的人士，因为对于留学生来说，每年总有一段时间是在放假或是在旅行，不在英国的时候公交年票就浪费了。

旅游观光巴士是比较有欧洲特色的一种公共交通工具，欧洲的一些主要旅游城市都开通了双层观光巴士。游客可以购买1~3天不等的巴士观光票，观光巴士途经城市的主要旅游景点，并设有多处停靠点，游客可以凭票在巴士停靠

点任意上下，巴士上有专门的导游或配备电子导游器进行景点讲解和介绍。这种观光巴士特别适合第一次到某个城市旅游和不擅长认路的学生，该票既可以在巴士停靠点购买，也可以在网上提前购买。详情见网站：http://www.city-sightseeing.com。

★ 地铁（Tube）

英国是地铁的发源地，已经有 150 多年的历史。英国的地铁以伦敦地铁闻名，伦敦地铁在总里程和车站数量上居世界之首，一共有 12 条线，在地铁图上按不同颜色区分，地铁四通八达，可以方便快捷地带学生抵达伦敦的任何地方。地铁站内清晰地标注出入口和如何转车，即使不太懂英文的父母来到英国也不容易走丢。关于地铁运行的信息可以在伦敦交通局（TFL）的官方网站（http://www.tfl.gov.uk）上查询，网站上还可以查询每条地铁线是否运行良好、从 A 地到 B 地如何乘坐地铁等信息。

在伦敦读书或者旅游的学生可以办理一张牡蛎卡（Oyster Card），相当于国内的公交 IC 卡，该卡可以在伦敦的任何公共交通系统上使用。牡蛎卡的付费方式可以选择 Pay as you go，就是刷多少次就付多少次的钱；也可以选择周卡（7 Day）、月卡（Monthly）或年卡（Annual）的套餐。伦敦地铁横跨 9 个区（Zone），学生可以根据自己的活动区域选择适合的套餐，比如可以只选择 1~3 个区的套餐，也可以只选择 3~5 个区的套餐，以此来节省交通成本。伦敦地铁高峰时间段（Peak Hour）比非高峰时间段（Off-peak Hour）的票价要略贵一些，留学生凭学生卡可以享受 1/3 左右的学生折扣。

★ 出租车（Taxi）

有些情况下学生需要打车出行。英国的出租车分为两种：黑色出租车（Black Cab）和微型出租车（Mini Cab）。微型出租车必须通过电话或网站预订，只需要告知租车公司自己所在的位置和目的地，3~5 分钟之后就会有出租车来接。学生也可以提前预订第二天或几天之后的出租车，但是如果用车计划改变的话要记得取消，否则会影响信用记录。黑色出租车就是英国最经典的出租车，招手即停。但是根据一些留学生的经历，除非你是在飞机场、火车站这些出租车比较集中的场所，否则非常难打到车。所以大家手机中最好储存一些常用出租车公司的电话或者下载打车软件。还有打车的时候最好准备好现金零钱，因为不是所有的出租车都可以刷卡。

出租车预订网站：

http://www.addisonlee.com

http://www.uber.com

★ 自行车（Cycling）

骑自行车出行是目前英国比较倡导的一种健康环保的出行方式，连英国首相都骑自行车上班。但是在英国骑自行车要遵守一些规则，首先，自行车要走非机动车道而不是人行道；其次，骑自行车的时候要戴护具，如头盔、护膝，如果你晚上骑车要开车灯并穿夜行服，这样可以确保骑车人自身的安全和行人的安全；最后，在英国自行车是不能载人的，除非是专用的双人自行车，否则违规要被处以最高200英镑的罚款。以上说的规则是英国法律的强制要求，请大家一定要遵守。

想在英国骑自行车，可以选择买二手车或者租车。在英国购买新自行车价格不菲，所以多数学生会选择购买二手自行车，毕业以后还可以继续出售。根据有经验的学生的建议，自行车配一把好的车锁很重要，可以防止车辆被盗。如果想免去维护成本，学生也可以考虑租自行车。英国的自行车租赁点覆盖面非常广，学生可以租自行车抵达很多景点。租车费用由 Access Fee 和 Usage Charge 构成，相当于管理费加上使用费。租用一天的管理费是 2 英镑，一周是 10 英镑，一年是 90 英镑，骑行的前 30 分钟是免费的，如果超过 30 分钟且在 60 分钟以内，要加收 2 英镑的费用，以此类推。更多租车信息详见 TFL 网站：http://www.tfl.gov.uk/modes/cycling/

2. 英国境内出行

在英国读书的学生，可以利用假期或周末出去走一走。如果怕麻烦不想办签证，英国境内也有很多景点和地方可以去。由于本书不是旅游手册，所以只是重点介绍一下在英国出行可以选择的交通工具和实用出行攻略。

★ 火车（Railway）

英国的铁路系统非常发达，既快速又安全，是人们在城市之间穿行普遍使用的交通工具之一。火车票按照座位等级分为一等舱和二等舱，有点儿类似于国内动车的席位划分方法。大家如果想经济出行的话，选择二等座就可以了。按照出行时间和方式还分为单程票（Single Ticket）、往返票（Return Ticket）、非高峰时段的车票（Off-peak Ticket）和回程时间不确定的车票（Open Return Ticket）。火车票价的规律是：非高峰时间段的车票比高峰时间段的便宜；回程时间确定的车票比回程时间不确定的便宜；当日往返车票比次日往返的便宜；提前订票比临时订票便宜。

火车订票常用网站：

http://www.nationalrail.co.uk

http://www.thetrainline.com

青年火车卡（Young Person Card）

青年火车卡也称 16-25 Railcard，是 16~25 岁的年轻人坐火车时使用的优惠卡，通常提供火车票正价 1/3 的折扣。学生每年交付 30 英镑的费用，就可以享受英国境内所有火车票的优惠价，这特别适合经常坐火车出去玩儿的学生。虽然该卡片主要针对 16~25 岁的年轻人，但是年龄超过 25 岁的全日制学生也可以办理青年火车卡来享受火车票折扣，只要去学校额外盖个章就可以了。

两人同行火车卡（Two Together Railcard）

这个火车卡是给两个持卡人同时出行提供优惠的卡片，只要两个人的年龄满 16 周岁就可以申请，没有年龄上限。持卡人可以享受 1/3 的火车票优惠。优惠卡价格也是 30 英镑/年，对两个持卡人的性别没有要求，可以是夫妻、情侣，也可以是好朋友。优惠卡上显示两个人的照片，必须是两个持卡人一起出行才能享受到优惠。

★ 飞机（Flight）

英国的民航系统也非常发达，坐飞机也是人们经常选择的一种出行方式，有的时候打折飞机票的价格甚至比火车票的还便宜。但是坐飞机出行也有一些缺点，如：对携带行李的重量有要求，而且有些物品必须托运不能随身携带；再如，机场多数都在郊区，而火车站通常在市区，如果坐飞机出行，从市区进入郊区也需要一些时间，如果是短途旅行的话，坐飞机出行与坐火车出行所耗费的时间差不多。

英国有很多廉价航空公司可以选择，如：Ryanair、EasyJet、Flybe、Bmibaby、Thomson fly 和 Monarch。下面介绍一下英国境内出行和欧洲出行中最常用的两家廉价航空公司：

Ryanair（瑞安航空）

瑞安航空是欧洲第一家也是最大的廉价航空公司，总部设在爱尔兰都柏林斯沃司（Swords），营运 1,600 条航线，连接 29 个国家 180 个目的地，已有 29 年安全飞行纪录。该公司在英国的航点有 15 个：Birmingham、Bournemouth、Bristol、Derry、Doncaster、East Midlands、Edinburgh、Glasgow Prestwick、Leeds Bradford、Liverpool、London Gatwick、London Luton、London Stansted、Manchester 和 Newcastle。瑞安引以为傲的就是他们的低价承诺，保证提供同一时间同一航线的最低票价。

EasyJet（易捷航空）

易捷航空是一家英国的廉价航空公司，总部位于英国伦敦的卢顿机场。营运 600 多条航线，穿梭于 32 个国家之间，主要目的地有：英国伦敦、爱丁堡、布里斯托，意大利罗马、米兰、威尼斯、那不勒斯，法国巴黎、里昂、尼斯，瑞士日内瓦、巴塞尔，以及葡萄牙里斯本。他们的目标就是使出行变得方便经济（making travel easy and affordable）。

★ 长途巴士（Coach）

长途巴士是在英国境内出行甚至欧洲旅游最便宜的一种方式，坚持穷游的学生可以选择乘坐长途巴士游英国，但缺点是耗时较长。如果旅程时间超过7个小时的话，学生可以选择乘坐夜间长途巴士，这样既节省了时间，也节省了住宿的费用。学生乘坐长途巴士也有优惠卡可以办理，优惠卡的名字叫Young Person Coachcard，也是针对16~25岁的青年。办理方式与前文介绍的Young Person Card类似。

长途巴士预订网站：

www.nationalexpress.co.uk

www.megabus.com

★ 自驾出行（Car）

自己有车或持有英国驾照的学生可以考虑约上三五好友自驾出行。有些英国景区需要开车才能抵达，自驾出行还可以欣赏沿途美景。如果你没有车也没有关系，可以考虑租车。但是租车人要有一定的资质，如：租车人通常必须年满21周岁，通常要有12个月以上的驾龄，租车时要出示驾照和英国地址证明。相对于其他出行方式，自驾出行需要考虑的因素比较多，比如说加油、停车、费用分摊等问题，最重要的是，司机要认路！

英国常用租车公司：

Rentalcars: www.rentalcars.com

Enterprise: www.enterprise.co.uk

Europcar: www.europcar.co.uk

为了让大家更直观地了解几种出行方式，笔者对前三种公共交通的出行方式进行了对比（详见表30）。以预订一周后从伦敦去往爱丁堡的往返机票、火车票和长途大巴票为例。行程是周五出发，下周一返回。耗时和价格的比较结果如下：

表30　不同交通工具耗时和价格对比

类型	时间	价格	备注
火车	4小时47分钟	£66.00	可以欣赏沿途风景
飞机	1小时20分钟	£57.00	行李重量有限制
长途巴士	13小时10分钟	£30.55	耗时最长

通过以上对比大家可以看到，在英国出行，飞机是最快捷的，但是还要额外考虑从飞机场到目的地的时间；乘坐长途巴士是最经济的，但是耗时比较长；乘坐火车是最方便的，但是价格相对高一些，不过如果提前预订和使用火车优惠卡的话，就可以节省很多费用。大家可以根据自己的实际情况选择适合的英国境内的出行方式。

3. 欧洲旅游

来英国留学的最大优势就是可以方便地去欧洲各个国家旅行，体验欧洲不同国家的风情。对于国际学生来说，比较麻烦的事情是需要办理签证，而比较方便的事情是他们可以办理一个申根签证，可用于前往26个申根国。那么什么是申根签证和申根国呢？

申根国由26个国家构成，他们互相达成协议，申根公约国间取消边境检查点，持有任意成员国的有效身份证或签证就可以在所有成员国间自由流动。对于旅游者来说，持有其中任一国的有效签证即可合法地到其他申根国参观，这就简化了学生到其他申根国旅游的手续。申根国由22个欧盟国家（EU）和4个欧洲自贸联盟国家（EFTA）组成，它们分别是：奥地利、比利时、丹麦、芬兰、法国、德国、冰岛、意大利、希腊、卢森堡、荷兰、挪威、葡萄牙、西班牙、瑞典、匈牙利、捷克、斯洛伐克、斯洛文尼亚、波兰、爱沙尼亚、拉脱维亚、立陶宛、马耳他、瑞士和列支敦士登。

整个欧洲的面积与中国领土的面积差不多大，而且英语普及率非常高，所以在英国留学的学生通常会选择自助游，只有爸爸妈妈来英国探望的时候才会

选择中国旅行社代劳。下面就来重点介绍一下如何自己申请申根签证。

★ **申请条件**

在英国申请申根签证对英国签证的有效期有要求，申根国旅行的结束日期要在英国签证到期前 3 个月，否则很难拿到申根签证，即使能拿到签证，被签发的申根签证有效期也非常短。如：李同学在英国签证快到期的情况下申请了申根签证，计划旅行 5 天，结果使馆只给了 7 天的有效期，而通常情况下申根签证会有 1~3 个月的有效期。

★ **申请时间**

学生申请申根签证应该在出发前的 3 个月内递交申请，可以在线预约签证递交时间。建议提前预约，特别是在复活节（Easter Holiday）、暑假（Summer Holiday）和圣诞节（Christmas）的时候，由于申请人比较多，很多时候可能预约不到近期的签证申请机会，所以提前预约可以避免耽误行程。通常在递交签证后的一周可以拿到签证结果，学生可以选择快递邮寄也可以选择到使馆自取。

★ **签证国家选择**

学生去欧洲旅行的时候通常会把几个国家同时安排到一次行程里，那么应该去哪个国家的签证申请中心申请申根签证呢？原则上是去停留时间最长的国家办理签证，如果停留的时间都一样，那么就去第一个入境的国家申请签证。如果学生申请的是多次往返的申根签证，那么第二次可以从任一申根国家入境。

★ **申请材料**

申根签证需要准备详尽的申请材料：申根签证申请表格可以在签证中心网站下载；在读证明或工作证明必须是 3 个月内新开的；银行对账单要求提供近 3 个月的流水明细，而且对对账单上的余额有要求，对账单上的余额必须大于行程的总花费（根据以往经验，如果学生进行 10 天之内的欧洲旅行，银行账户上有 2,000 英镑左右的存款就够了）；申请签证的时候要提供时间覆盖整个行程的往返机票、火车票、巴士车票或船票等；如果是几个小伙伴一起结伴旅行的话，酒店预订单上须显示所有预订者的姓名且覆盖整个行程；行程单上要详细列明每天的行程计划；旅行保险也要涵盖整个行程，保险可以到邮局或者专门的旅行保险网站上购买。

申根签证材料清单
1. 申根签证申请表格（可在各国家的签证中心网站下载）
2. 在读证明／工作证明（3 个月以内的）
3. 最近 3 个月的银行对账单（必须是现金账户的账单而不是存款账户的）
4. 交通证明（包括往返机票、火车票、巴士车票、船票等）
5. 酒店预订单（显示所有预订者的姓名，且覆盖整个行程）
6. 行程单（列出整个行程计划）
7. 旅行保险（时间覆盖整个行程）

★ **签证长度**

第一次申请申根签证的学生通常会获得有效期为 3 个月的签证。在申请签证的时候可选择单次入境和多次入境，如果想获得比较长的签证有效期，请选择多次入境选项，毕竟交付了一笔签证费，还是能够多出去几次比较好。如果签证申请人有英国永久居留权或持有英籍配偶签证，通常会拿到有效期比较长的申根签证，例如有效期为一年的申根签证。

★ **交通工具**

乘坐火车旅行

在前面的英国出行章节中，笔者已经介绍了乘坐火车、飞机、长途巴士以及自驾等出行方式，这也同样适用于欧洲旅行。本部分将着重介绍使用欧铁通票和乘坐欧洲之星来游览欧洲。坐火车穿行于欧洲大陆是玩转欧洲最好的方式，大家既可以欣赏沿途的风景，也可以感受一下欧洲的慢生活，而且欧洲的火车系统非常发达，可以帮助大家方便地抵达任何地方。

（1）欧铁通票

购买欧铁通票是在欧洲旅行比较经济划算的方式，一张票可以在欧洲多国通用。欧铁通票有很多种类型，大家可以根据自己旅行国家的数量和停留的时间选择最适合的通票种类。提供欧铁通票的主要有两家公司：Eurail 和 InterRail。

Eurail 的通票任何人都可以购买，无论是来探亲顺便旅游的父母，还是其他来欧洲旅游的游客；而 InterRail 是在欧洲居住 6 个月以上的居民才可以购买，比如说已经来英国 6 个月以上的学生。InterRail 的价格要比 Eurail 便宜很多，而且还有学生折扣，所以满足条件的学生可以选择 InterRail 来降低旅游的交通成本。每种通票的适用情况总结如表 31：

表 31　每种通票的适用情况

通票种类	描述
全球通票（Global Pass）	可以在欧洲 24 个国家自由穿行，在 10~30 天之内可随意乘坐火车旅行
自选通票（Selected Pass）	可以自选 3~5 个国家，适合 1~2 周的旅行
地区通票（Regional Pass）	可以选 2 个国家，适合短期旅行
单国通票（One Country Pass）	只能在 1 个国家使用，适合只在一个国家旅行

欧铁通票订票网站：

　　http://www.interrail.eu

　　http://www.eurail.com

（2）欧洲之星

如果大家去法国、德国、荷兰、比利时或瑞士旅游的话，还可以考虑乘坐欧洲之星（Eurostar），这是一条穿梭于英国和欧洲大陆之间的高速列车，从伦敦到巴黎仅需要 2 小时 15 分钟，极大地方便了人们的出行，虽然票价会比机票稍微贵一些，但是因其方便快捷极受欧洲人民和各国留学生的喜爱。

欧洲之星订票网站：

　　http://www.eurostar.com/uk-en

乘坐邮轮旅行

当你厌倦了飞机、火车等交通工具，可以尝试一下邮轮出行。英国是个岛国，有很多机会让你体验像航海家一样的旅行。现在邮轮的条件要比从前好得多，邮轮上有 24 小时不打烊的餐厅提供各国美食；有可以伴随浪花入睡的舒适海景房；当你感到疲倦的时候，可以去做个 SPA、蒸个桑拿，然后再洗个花瓣浴。大家可以享受到的待遇比当年的航海家要好得多，当然一切的前提是：你不晕船！

感兴趣的学生可以查看如下邮轮公司的旅行线路：
公主邮轮（Princess Cruises）：
http://www.princess.com
皇家加勒比邮轮（Royal Caribbean International）：
http://www.royalcaribbean.co.uk/?wuc=GBR

4. 环球旅行

不满足于欧洲旅行的英国留学生在课余时间也会到世界各地旅行。持有英国签证的学生，申请其他国家的旅游签证会相对容易些。目前，在英国的留学生比较喜欢去的欧洲以外的旅游目的地包括：美国、土耳其、澳大利亚、埃及、韩国、巴西等等。再次强调，由于本书不是旅游手册，所以不会去介绍那些热门的旅游景点，而是会着重介绍如何购买廉价国际机票、预订酒店、办理签证和享受学生优惠等。

★ 签证办理

随着祖国综合国力的不断增强，持有中国护照可以免签和落地签的国家越来越多。其中比较热门的免签和落地签国家和地区包括：韩国的济州岛、毛里求斯、泰国、柬埔寨、文莱、尼泊尔、马尔代夫、肯尼亚等。那些需要签证的国家对签证的要求不尽相同，但是总结下来有这样几点：1. 材料上通常需要提供存款证明、学校在读证明，有的国家还需要提供机票和酒店住宿等信息；2. 多数国家是材料签就可以了，个别国家（如美国）需要面签；3. 签证申请需要提前准备、提前预约，以免耽误了行程。

★ 廉价机票

如果去欧洲以外的地方旅行，乘坐飞机是比较方便快捷的方式，而如何预订价格合理的机票是整个旅行中比较重要的一环。下面介绍几个比较方便实用

的机票搜索网站，可以帮你找到廉价的长途旅行机票，希望对大家有所帮助。

（1）Skyscanner（http://www.skyscanner.net）

全球领先的旅游搜索网站。通过灵活的搜索选项，可以浏览一个月甚至一年中的航班价格。Skyscanner 网站的一大好处是提供 30 种以上不同语言的航班、酒店和租车搜索服务，还可以选择不同的货币单位来查询价格和付款。

（2）Lastminute（http://www.lastminute.com）

英国领先的在线旅游与休闲零售商，每周超过 165 万人次访问网站，提供一站式预订服务，包括机票、门票、酒店、租车，以最佳的方式让顾客在自由的时间里走得更远。

（3）Travelsupermarkct（http://www.travelsupermarket.com）

一个能搜索超过 100 家航空公司廉价航班的比价网站。比价的航空公司包括汤姆逊（Thomson）、维珍（Virgin Atlantic）、英航（British Airways）等。

★ 酒店预订

不同的学生会选择不同类型的酒店：想节省旅费的学生可以预订青年旅馆（Youth hotel），青年旅馆也是背包客的最爱；觉得青年旅馆条件太艰苦的学生可以预订 B&B（Bed & Breakfast），B&B 旅店提供住宿和早餐；还有的学生会预订诸如旅客之家（Travelodge）、假日酒店（Holiday inn）、宜必思（ibis）这样的经济连锁酒店；经济条件更好的学生就会预订希尔顿（Hilton）、凯宾斯基（Kempinski）等星级酒店。无论选择哪种类型的酒店，能便利地抵达景点、机场或火车站的是首选。

预订酒店既可以通过酒店的官方网站，也可以用专门的酒店搜索引擎来寻找。在英国读书的学生喜欢用的网站是 http://www.booking.com，上面有几十种语言可供选择。大家可以按照位置、价格等要求查找和预订各种类型的酒店。已经预订好的酒店也可以免费取消，非常方便和人性化。

★ 外币兑换

外出旅游难免涉及外币兑换，在英国可以兑换外币的地方有很多，除银行之外，邮局也可以兑换外币，还有专门兑换外币的店铺 The Money Shop。此外，玛莎百货（M&S）也提供外汇兑换服务，机场的货币兑换处（Currency Exchange）也可以兑换外币，但是汇率不是很划算。需要额外说明的是，如果兑换的外币金额较大或是兑换不常见的币种需要提前预约；在 The Money Shop 第二次兑换外币时可以享受优惠。

★ **国际学生卡**

大家在英国旅行的时候，持有本校出具的学生卡就可以享受学生优惠了。但当你走出英国去往陌生国度的时候，英国学生证就不一定好用了。这个时候大家需要办理一张国际学生卡（ISIC-International Student Identity Card），持有这张卡片在旅行的时候就可以享受学生折扣了，如：购买景点门票、购买车票、吃饭、购物等。该卡既可以去网上申请（https://www.isic.org），也可以在 ISIC 指定地点办理，主要提供的材料是学校的在读证明或学生卡。大家只需要缴纳 12 英镑就可以取得有效期为 12 个月的国际学生卡，到期之后可以再重新申请。

读万卷书，行万里路。旅行会给我们提供很多书本上学不到的东西。由于在英国留学的学生可以非常方便地到欧洲和世界其他地方旅行，因此在时间和经济条件允许的情况下，建议大家多出去看看走走，体验更多地方的风土人情，拓宽国际视野。如果你没有特别多的时间和经费，也可以在转机回国的时候到第三国去看一看，去体验一下不一样的自然和人文风情。

Tips　旅行过程中护照或签证丢失怎么办？

在旅行过程中，会有一些粗心大意的学生弄丢了英国签证卡或中国护照，而有些学生则是签证卡连同护照一起弄丢。这个时候该怎么办呢？

首先，要到丢失地的警局挂失并取得警局的挂失证明，这个挂失证明是之后补办签证和护照的重要材料。之后，去当地的中国大使馆办理护照或旅行证。接下来，申请可以返回英国的临时签证卡（Replacement BRP Visa）。最后，返回英国以后再重新办理正式的签证卡（BRP Card）。

总之，如果大家在旅行过程中弄丢了护照或签证，千万不要慌张，只要按照上述的指示一步一步办理就好了。

第三节 娱乐社交在英国

> "Work hard! Play hard!"是西方比较流行的一句话。解读一下就是:"读书的时候要好好读书,玩儿的时候就要玩儿得尽兴!"因为只有玩儿得好,才能学得好。留学生在上课之余,还有多种活动可以选择:和其他同学一起去酒吧小酌几杯,体验一下当地风情和酒吧文化;周末去逛个博物馆、听一场音乐剧;喜欢运动的学生去打球、攀岩、骑马来增强体魄;在号称购物天堂的伦敦购物。总之,不要埋头死读书,把自己禁锢在一个小圈子里,因为外面有更多丰富有趣的活动在等待着你。

1. 酒吧文化

英国文化中不可或缺的一部分就是酒吧文化。在英国,大大小小各具风格的酒吧不计其数,每个酒吧都有自己的特色,其中不乏数百年历史的酒吧。每到下班特别是周末的时候,大街小巷的酒吧前就聚集了大量的人群。酒吧在英国人生活中所扮演的角色与咖啡馆在其他欧美国家、茶社在中国所扮演的角色类似。英国人喜欢告诉外国人:"If you haven't been to a bar, you haven't been to Britain.(如果你没去过酒吧,就等于没去过英国。)"

★ 去酒吧的目的

在英国,人们去酒吧大多是为了与朋友聊天。英国人很少像中国人一样在家中聚会,邻里交往、朋友相聚基本上都是在酒吧进行的。下班后去酒吧喝几杯、聊聊天,一天的疲劳和烦恼也就渐渐消散了,尤其在周末,酒吧前更是排起了长队。无论是年轻人还是年长者,酒吧几乎是每个英国人必去的地方,是他们生活中必不可缺的一部分。

★ 酒吧礼仪

想必刚从国内过来的学生都已经习惯在座位上等待服务员的服务了,但是在酒吧点酒、端酒、付费、找位置都要自己完成。在吧台点酒的时候看不到明显的排队，但酒保有本领知道该轮到谁了。招呼吧台前的服务员并不需要大喊"Hello"或"Hi"并举手示意，更多时候可能只是一个眼眉的抖动或眼神的交流就足够了。

★ 酒吧点酒

在酒吧，男士最喜欢点的就是啤酒，全英有400多家啤酒厂，每一家都生产很多种类的啤酒，所以大家喜欢去酒吧品尝不同口味的啤酒。而女士则喜欢点可以彰显优雅的红酒、鸡尾酒，还可以选择苹果酒（Cider）。如果你不喜欢酒精饮料的话，酒吧里还有很多非酒精饮料可以选择，比如各类果汁和碳酸饮料。

★ 酒吧食物

英国的酒吧里也会提供比较简单的食物，如下酒小食炸薯条（Chips）。咦！怎么又是薯条？没办法，这个是英国特产。香肠土豆泥（Tomato Mash）也是酒吧里比较受欢迎的食品。有些酒吧里还会提供牛排、汉堡等食物给大家充饥。

★ 酒吧看球

在有欧洲杯和英超联赛的时候，酒吧里通常都会挤满了人。为什么英国人不愿意静静地待在家里而是都跑到酒吧去看比赛呢？也许只能用"这是一种文化"来解释。如果你是个球迷，一定要去凑个热闹，在人挤人的空间中感受这种气氛。而且在家里看电视是需要付有线电视费（TV License）的。如果你对足球不感兴趣的话，那千万别在有比赛的时候去酒吧。

对于留学生来说，周末与其他同学一起去酒吧，是体验英国酒吧文化、了解英国历史和社会、练习口语和结交外国朋友的好机会。需要特别提醒的是，去酒吧的时候记得带身份证明材料，因为亚洲留学生普遍看起来比实际年龄要小，因此经常会被误会为未满18岁。

> **Tips**
>
> ### Pub、Bar、Club 的区别
>
> Pub（酒馆）：Pub 是 Public House 的简称，是英国百姓的休闲和社交场所。客人一般都是学生、老人、平民百姓，主要的销售重点在啤酒，因此大多数的人都愿意在 Pub 和三五好友一起畅饮，看看足球。另外大多数的 Pub 都供应午餐、晚餐和一些零食。
>
> Bar（酒吧）：虽然类型多种多样，但相同的是酒吧更偏重酒文化，不同的酒吧有不同的招牌鸡尾酒以及本店推崇的酒文化。一般酒吧的周末会有现场演出。
>
> Club（俱乐部，夜店）：相对而言规模较大，经营较为专业，客人的主要目的是跳舞，Club 经常是通宵营业，会有一些专业的演出活动。

2. 文艺活动

对于文艺小清新来说，来英国留学是很好的选择。这里有大大小小不计其数的画廊和博物馆，让人畅游在艺术的殿堂；这里常年上演着世界经典、长盛不衰的音乐剧和歌舞剧，让人百看不厌；这里也有各类主题的艺术节、美食节、动画节等，给留学生乏味的学习生活各种调剂。来伦敦留学的学生会有更多元化的选择。有人说："如果你厌倦了伦敦，你就厌倦了生活"，因为伦敦有你要的一切。

★ **参观博物馆（Museums）**

英国大大小小各种类型的博物馆不计其数，而且常年举办各种主题的展览，每年吸引 4,200 多万名游客前来参观。从收藏世界各国珍奇异宝的大英博物馆（British Museum）到展现柯南道尔笔下人

物生活的福尔摩斯博物馆（Sherlock Holmes Museum），大家总可以找到适合自己的一款。很多博物馆是可以免费参观的，有些主题展是收费的，票价通常在 10~15 英镑，持学生证可以享受优惠。如果特别喜欢哪家博物馆的话，可以办理博物馆年卡，那么所有的主题展都可以持卡免费观看。

★ **去电影院**（Cinemas）

看电影也是在英国留学生最喜欢的休闲活动之一。除了像 VUE 和 ODEON 这种大型的连锁电影院之外，英国还有很多有特色的电影院，比如露天电影院、屋顶电影院、带双人床的电影院，还有可以一边泡澡一边看电影的影院。上映的影片从最新的各国大片到几十年前的经典电影，应有尽有。学生持学生证可以打折，如果办理电影院月卡或年卡，有些电影院可以不限次数地免费观看所有电影。友情提示一下，英国影院所播放的电影是不提供字幕的，所以对学生的英文听力是很大的挑战。之前有学生办了电影院会员卡，有空就去看电影，结果两个月后，雅思听力从 5.0 直线提高到了 6.0。这个小案例说明，看电影是一件对英文听力很有帮助的事情。

★ **看歌剧和音乐剧**（Operas & Musicals）

在英国留学的好处是，能用比国内更低廉的价格，看到一流的歌剧和音乐剧的表演。像《天鹅湖》《歌剧魅影》《猫》《妈妈咪呀》这些经典剧目都会常年上映，同时也有一些新兴的剧目可供选择。在表演过程中，歌词和台词会投射在舞台两侧以方便观众理解，英文不好的学生也可以提前去网上下载台词。歌剧表演中间会有中场休息，观众可以购买一些饮料和零食。剧目演出完毕后演员出场谢幕，观众要起立鼓掌致谢。

★ **各种节日庆典（Festivals）**

在英国常年有各种主题的节日庆典，如艺术节、美食节、热气球节、动画节、音乐节、电影节、辣椒节等。举办主题节日较多的城市有伦敦、爱丁堡、布里斯托、伯明翰等，在这些城市学习的学生参加这些节日更方便，其他城市的学生也可以坐飞机来凑个热闹。

★ **其他活动**

其他有趣的活动还包括伦敦枕头大战和伦敦复古骑行等，绝对是学生开阔视野的好机会。除此以外，还有建筑物开放日（Open House）、私密花园开放日（Open Garden）等。建筑开放日：一些平时不对外开放的著名建筑在每年的某个周末免费对公众开放，比如：可以参观英国首相官邸唐宁街十号、联合利华大楼、英格兰银行的金库等等，需要学生提前网上注册，参观首相官邸还需要接受背景调查（Background Check）。私密花园开放日：英国的公共花园是长年免费对外开放的，而一些私人花园只在特定的日子才对外开放。对花花草草感兴趣的学生，千万不要错过每年6月份的伦敦私密花园开放日。

3. 运动休闲

在英国留学的学生，课余时间有很多运动选择。首先可以去学校的健身房，健身房对学生提供优惠价格，学生每个月只要支付很少的费用就可以使用健身房里的设施和体验各种健身课程。英国院校的健身房里除了一些常规的器械和课程外，还有一些国内普通大学里没有的项目，如室内攀岩、壁球等，这些都是英国学生很喜欢的项目。比较贴心的一点是，学校的游泳池是温水，那些体质寒、比较怕冷的学生可以不用担心游泳后着凉了。

除了一些室内运动，还有很多户外运动可供大家选择：

★ **跑步**

英国总体的空气质量比较好，无论何时你总可以看到一些人塞着耳机、穿着运动装在公园或马路边跑步。在英国经常会有各种主题的全民马拉松比赛，比赛活动重在参与，并不在乎你跑得多好或多快。

★ 徒步和爬山

英国人热爱爬山和徒步，英国有很多自然风景优美的国家公园，城市周围有一些特色小镇。大家周末的时候可以到郊区走一走或去攀爬一些山峰，不熟悉线路的学生可以加入徒步（Hiking）俱乐部，会有专业人士带领大家一起享受大自然的清新空气。

★ 钓鱼和冲浪

作为岛国，英国有很丰富的海洋资源。除了在海边晒太阳，周末的时候约上几个好友，租一条小船去海上钓鱼，也是一件很惬意的事情。喜欢挑战极限运动的学生，也可以选择冲浪。

★ 乘坐热气球

看过电影《环游世界80天》和《飞屋环游记》的学生，可能会对乘坐热气球充满了兴趣。来英国留学的学生，千万不要错过每年8月份在布里斯托举办的热气球节（Bristol International Balloon Festival），该节日号称是欧洲最大的热气球节。在热气球节上，学生不仅可以观看热气球表演，而且可以亲自乘坐热气球。

除了以上活动，笔者为来英国留学的学生特别推荐两项运动：

★ 高尔夫

提到高尔夫，大家可能会认为这是一项高端运动。其实，英国是高尔夫的发源地，在英国这是一项平民也负担得起的运动。每小时十几英镑或二十几英镑的高尔夫球练习场在英国随处可见，而且场地还配有认真负责的教练。对这项运动感兴趣的学生，可以在此提高一下自己的球技。

有关高尔夫起源的说法不一，据说很早之前有一个苏格兰牧羊人闲来无事不小心用赶羊的木棍将石子打进兔子洞，这项运动便应运而生了。苏格兰的圣安德鲁斯被称为"高尔夫的故乡"，来英国留学的学生可以来"圣城"旅个游，因为这里不仅是王子和王妃相遇的地方，而且是打高尔夫球的好地方。

★ 马术

马术是英国的传统项目，是受欢迎程度仅次于足球的第二大运动，它历史悠久。在英国，看赛马和赌赛马是人们生活中的重要内容，英国每年有约7,000场赛马，观众超过5,000万人次，甚至包括英国前女王伊丽莎白二世在内的皇室贵族，而马术比赛上女士们各具特色的着装和争奇斗艳的帽子也成为一大看点。

在英国留学的学生不妨找个周末，去郊野、海滩、山区或公园骑一下纯种英国马，体验这项绅士运动。英国有很多可以骑马的地方，也有数量众多的马术俱乐部。在伦敦的学生，可以去海德公园、金斯顿马术中心、温布顿马厩等。在英国体验骑马的价格并不贵，特别是团购课程，大家可以找机会体验一下。

不喜欢运动的学生可以选择观看体育比赛或表演，比如：无时间差地观看欧洲杯和温布尔登网球锦标赛，或是在航空展上看飞行表演。

★ 观看足球比赛

英国人对足球的狂热是众所周知的，除了世界杯，英国人还喜欢看欧洲杯。每到足球比赛的季节，酒吧里挤满了球迷，马路上也会出现成群结队穿着各队队服的球迷。在英国，在不了解对方的情况下，最好先不要说出自己是哪个队的球迷，不然容易因为立场不同而导致无法进行谈话。

★ 温布尔登网球锦标赛

全世界最受瞩目的四大网球比赛是：澳大利亚网球公开赛（Australia Open）、法国网球公开赛（French Open）、温布尔登网球锦标赛（Wimbledon Championships）和美国网球公开赛（U.S. Open）。从名字上大家可以看出，只有温网是以场地命名的，因此不了解英国地理的人可能无法从名字上判断比赛是在哪个国家举行的。温网在英国非常受欢迎，现场观看温网对观众的着装也有要求：男士不得穿短裤；女士不可以戴帽子，因为帽子会遮住后面观众的视线。温网的门票也非常抢手，需要提前很久在网上预订。（预订网站：http://www.wimbledon.com/en_GB/tickets/）

★ 飞行表演

英国留学生可以参加的大型活动还有：在航空展上看飞行表演。在英国看飞行表演的最好机会，一个是每年6月份的韦斯顿空展节（Weston Air Festival），另外一个就是8月份的皇家国际航空展示会（RIAT），这是世界上最大的军事航展。看飞行表演是英国最受家庭欢迎的户外活动之一。在航空展上，会有各种机型做空军特效表演，在天空中排出不同的队列，还会有惊险刺激的对碰环节。与此同时，英国军队的队列表演和军乐队的演出也会让大家感受到英国的空军实力。

4. 购物天堂

英国是一个购物天堂，从昂贵的奢侈品到经济实惠的大众商品，从高科技产品到手工艺品，都可以在这里找到。尤其在伦敦三大老牌购物区——邦德街（Bond Street）、牛津街（Oxford Street）和摄政街（Regent Street）上，积聚了很多英国本土以及国际知名品牌。

英国著名的高档购物场所包括展有戴安娜王妃遗像的哈罗德百货（Harrods）和刚刚被中国人收购的塞尔福里奇百货（Selfridges）。大型连锁商场包括德本汉姆（Debenhams）、约翰-路易斯（John Lewis）、玛莎百货（Marks & Spencer）等。还有散布于英国各处的名品打折购物村（Outlet Shopping Centers），其中最知名的就是牛津大学附近的比斯特购物村（Bicester Village），其他的还有伯明翰的斗牛场购物中心（The Bullring）和邮箱购物中心（Mailbox）以及朴次茅斯的冈沃夫码头购物中心（Gunwharf Guays）和约克的石头街（Stonegate）等。

英国的网购也很发达，几乎所有的品牌和商场都有自己的购物网站。大家可以在网上下单，送货免费。因为英国国土面积比较小，物流也比较发达，因

此基本上可以实现 3~5 个工作日收货，选择加急快递的可以实现次日收货。在英国消费者购物不满意就可以退货，无论是在商场还是在网上购买的产品，只要保留购物凭证，在购买产品后的 30 个工作日内可以无条件退货。

英国每年有三大打折季：复活节、圣诞节，还有 7~8 月的夏季打折，很多产品甚至会折上折，四折、五折的标志随处可见。特别是在节礼日 (Boxing Day)——圣诞节过后的第二天，很多商场都清仓销售，一些品牌在没开门前门口就排起了长队，主要商业区更是人头攒动。学生可以趁这些机会囤积一些必需品来节省生活成本，也可以借机给亲友买些礼物。

> **Tips**
> **省钱秘籍：巧用学生卡**
> 在英国使用学生卡可以享受各种折扣，如：凭学生卡办理的青年学生卡（Young Person Card）乘坐火车可以打折；凭学生卡购买景点门票可以打折；凭学生卡买东西也有折扣（购买苹果电脑有 15% 的学生折扣）；有的时候有些餐馆也有学生折扣。真是一卡在手，好处多多呢！

本章小结：

英国是一个非常多元化的国家，体现在吃穿住用行的各个方面。在这里大家可以听到世界上很多国家的语言，品味到各国美食，欣赏各个国家在不同时期的艺术品，观看各国的经典剧目和最新电影。当然，你还可以以非常低廉的价格体验到号称是贵族运动的高尔夫球和马术运动；去观看皇家阅兵式和皇家飞行展；去阿森纳主场为自己支持的球队疯狂呐喊；去温布尔登看一次世界级的网球比赛。Work Hard, Play Hard！在这个多元化的国家里，有很多书本之外的东西可以去学习、去体验。

第十章
工作在英国

本章导读

通过本章节的阅读，学生将了解到在英国全职和兼职工作的相关政策法规、留学生可以选择的工作类型、在英国申请工作的流程和时机、如何递交申请、准备笔试和面试以及申请工作时的一些注意事项等。此外，学生还可以阅读到留学生在英国找工作的鲜活案例。

第一节 英国工作相关政策

> 英国政府和院校鼓励学生在课余时间从事相关工作，以培养学生的社会实践能力，补充课堂知识。英国本土学生从小就开始利用课余时间从事一些兼职工作来培养自己的生存能力，所以我们会在一些影视剧中看见小学生骑自行车送牛奶、送报纸等情景。

1. 工作时间

UKVI（UK Visa and Immigration，英国签证与移民局）对在读学生的工作时长有明确的要求：就读本科以及本科以上级别课程的学生，每周最多工作 20 小时；而就读本科以下级别课程的学生每周最多只能工作 10 小时。每周工作时间太长就会影响学生的学习。当然假期就另当别论了，学生可以选择全职工作，不受以上的时长限制。

2. 工资标准

英国的最低工资标准每年都在调整，根据 2023 年的标准，23 岁以上的劳动者每小时最低工资为 10.42 英镑，18~20 岁和 18 岁以下的劳动者，每小时最低工资分别为 7.49 英镑和 5.28 英镑（详见表 32）。可见政府并不鼓励低年龄学生工作太长的时间，所以年纪小的留学生还应以学习为主，至于课余工作简单尝试一下就好。当然，如果学生想多锻炼自己，可以考虑一下志愿者（voluntary work）的工作，笔者会在后面的内容中介绍志愿者工作。

表 32　英国最低工资标准

财政年度	23 岁以上	21-22 岁	18-20 岁	16-17 岁	学徒
2023 年 4 月 1 日起	£10.42	£10.18	£7.49	£5.28	£5.28
2022 年 4 月 1 日起	£9.50	£9.18	£6.83	£4.81	£4.81
2021 年 4 月 1 日起	£8.91	£8.36	£6.56	£4.62	£4.30
2020 年 4 月 1 日起	£8.72	£8.20	£6.45	£4.55	£4.15

资料来源：GOV.UK

3. 个人所得税

在英国有合法收入的人，如果收入达到了一定数额就要依法纳税。政府对纳税有严格的规定：如果你的年收入是在 12,570 英镑以下，就无须缴纳个人所得税；如果你的年收入是在 12,571~50,270 英镑之间，就需要缴纳 20% 的个人所得税；如果年收入在 50,270~150,000 英镑之间，就需要缴纳 40% 的个人所得税；如果年收入在 150,000 英镑以上，则超出部分需要缴纳 45% 的个人所得税（详见表 33）。税款会用于政府的各项公共支出，也用于向纳税人提供社会福利，所以道理就是"从社会取得更多，就要回报社会更多"。

表 33　英国个人所得税税率表

级数	2022/23 年收入	税率
免征区间	12,570 英镑以下	0%
基本税率	12,571 - 50,270 英镑	20%
高额税率	50,271 - 150,000 英镑	40%
附加税率	150,000 英镑以上	45%

资料来源：GOV.UK

当然，这些税款不用纳税人自己去缴，公司会从员工工资中扣除。笔者有一些学会计专业的朋友，会计算自己的工作时间和扣税比例，找出每周工作多

少小时可以得到最大收益。每年4月的时候,雇主会发放一张表格,上面含有上一年度缴纳税款的所有信息,通过这张表格,纳税人可以要回被多扣的税款。关于如何退回多缴的个人所得税,请阅读第十一章"11.1.3 归国退税"部分。

4. 关于社会保险号码

如果学生想在英国工作,无论是全职还是兼职都需要一个社会保险号码(National Insurance Number)。那这个社会保险号码是做什么用的呢?这个号码既用于上面提到的税务统计,也与雇员享受的社会福利挂钩,其实有点儿像中国的社保卡号。无论是英国人还是外国人都需要这个号码才能合法工作。对于英国人来说,他们16岁后就会自动获得这个号码,而外国人就需要主动去申请了。但是这个过程不是很复杂,通常申请就会获得。

那么如何申请社会保险号码呢?主要分为两种情况:

1、如果学生的签证是在中国取得的,就需要给就业中心办公室(Jobcenter Plus)打电话(08456000643)申请。在回答一些简单的问题后,相关机构会在两周内寄来一份社会保险号码申请表格,学生填写好后,按照他们给出的地址邮寄回去就可以了(备注:邮资由Jobcenter预付)。之后,学生就会收到一封含有社会保险号码的信,然后把这个号码提供给雇主就可以合法工作了。

2、如果学生的签证是在英国取得的,那么就需要去面试了。但是不用太担心,这个面试不太难,只不过是回答一些基本的问题,经历过雅思考试的学生都能回答出来。学生需要提前给就业中心提前打电话预约时间,之后去所属地区的就业中心面试,面试通过之后会收到相关机构邮寄的社会保险号码。面试申请需要更长的时间,所以学生要提早申请以免错过了工作机会。

第二节 工作类型介绍

1. 兼职和志愿者工作

一提到兼职工作（Part-time Job）很多学生就会想到在中餐馆打工，这个确实是对中国学生来说门槛比较低而且比较容易找到的工作。但这种工作对提高英文以及了解当地社会帮助不大，但对于将来想从事餐饮行业的学生来说，是一个基础入门的起点，等英文稍微好一些并稍微了解了餐饮业的运作流程后，可以选择去外国餐馆和酒店工作。

其实英国的兼职工作是很多样化的，比如在笔者认识的学生当中，有学营销的学生在商场或小店里做店员（Sales Assistant），有学旅游的学生在旅行社做校园代理或者兼职导游，有学设计的学生到当地的中文学校里教画画，还有笔者的室友找到了帮当地人照看小孩儿的工作。此外，学校也提供各种工作机会，比如，在学校图书馆和计算机房里工作，新生周和学校的公共开放日（Open Day）做一些引导和介绍的工作。能找到什么样的兼职工作，很大程度上取决于学生的英文水平和沟通能力。

如果学生觉得自己能应付目前的学习并且有一定剩余时间的话，还是建议去体验一下兼职工作。因为兼职工作的好处多多：首先，兼职工作可以提高学生的英文水平和沟通能力，让其勇于在陌生人面前展示自己的英文；可以帮助学生更好地了解当地社会，接触当地人；相对于在英国读高中和读本科的学生群体而言，读研究生的学生中，国际学生占有相当大的比重。通过兼职工作，学生可以更好地了解当地民俗，结交更多的朋友；还有更实际一些的好处是，可以增加学生的额外收入，花自己的钱更硬气。笔者的一位朋友在商场里做销售助理（Sales Assistant），每周只去一天收入40英镑，足够解决一周的超市食物花费，而且每周还可以去外面餐馆吃一下或去看个电影什么的。另外一位朋友会把课余打工的钱攒起来，不用家长的赞助就可以去欧洲旅游，生活得很滋润呢。

但建议学生也不要因为兼职工作收入不错就沉溺于其中。笔者认识的一位学金融的学生每周有3~4天去中国自助餐馆做洗盘子的工作，月收入在5,000~6,000元人民币，基本高于国内中等城市毕业生的起薪。于是经常看见该学生这个月换个新iPhone手机，下个月买个苹果电脑之类的，而且乐在其中。完全忘记了来英国学习的初衷，同时也荒废了学业。其实该学生完全可以找一些金融机构进行假期实习，为将来的就业增加砝码。收入是随着年龄和经验的增长逐渐增加的，所以年轻的时候不要太在意钱赚的多少，工作经历和经验积累是更为重要的。

有些公司和机构还会提供志愿者工作（Volunteer Work）的机会，这样的工作通常是没有薪水拿的，但是有些公司会报销学生的市内交通费用和午餐费用。优点就是志愿者的工作门槛比较低，申请兼职（Part-time）和实习（Intern）比较有难度的学生，不妨从志愿者工作开始，积累一些经验以后再申请兼职和实习可能就更容易一些，同时也是为将来申请全职工作做积累。

2. 实习工作

很多大公司会为学生提供实习工作（Work Placement / Internships），为企业的运营培养和选拔人才，学生可以利用这个机会为自己将来的就业增加砝码。很多能在英国留下工作的学生，都是通过暑期或者复活节的实习机会展现自己继而毕业后被用人单位留用的。这些大公司会提供不同类型的实习机会：比如说复活节的短期实习、暑假10~12周的实习，还有更长的为期半年到一年的实习。申请这种实习的竞争都是很激烈的，所以学生要提前搜集信息和及早进行申请。

还有一些大学的部分专业开设带有实习机会的课程（详见第二章附件中"三明治"课程的介绍），学生在本科阶段会有1年的实习或在硕士阶段有3~6个月不等的实习机会。学校会为学生提供就业信息，提供必要的就业指导，还有一些与学校长期合作的公司来招聘。学生可以充分利用这些条件和机会为自己积累工作经验，并为将来的就业增加砝码。所以想要实习的学生，要留意学校提供的相关信息和参加学校的就业指导活动。

经验分享：如何在英国找实习工作？

（分享人：XZH，华威大学，数学与物理双学位）

刚来英国上大学的时候，一个偶然的机会我参加了一个学校社团组织的就业分享会，会上听暑假在巴克莱投行部（Barclays Capital，Investment Banking Division）做实习的学长分享经验。当时我对投行完全没有概念，但是觉得这是个不错的机会，于是打算了解一下。我之后又去了很多公司的校园招聘，了解到对于不同年级的学生，大多数银行都有对应的实习项目。我是学数学和物理的，没有商科背景，所以之前一直担心自己的专业不适合银行的工作。但是后来我发现，其实银行很强调人员的多样性，因此不是只有学商科的才有机会进入银行工作。

大一的时候我申请了春季实习（Spring Internship），这是一些针对新生的短期体验性实习。虽然没有工资，但通过春季实习（时间在英国的复活节假期），学生有机会提早拿到明年暑假实习（Summer Internship）的机会。同时，做暑假实习又是一条通向全职工作的捷径，银行每年的全职招聘名额很大一部分给了去年的实习生们。由于申请比较晚，而且准备不充分，我大一时候的申请均以失败告终。

大二开学之后我提早做准备，有意识地锻炼自己并为这一年的实习申请做准备。简要介绍一下，投行的申请过程大致为：（1）网申填表，递简历和其他材料；（2）网上测试，一般有数学能力测试（Numerical Test）和语言能力测试（Verbal Test），同时根据不同部门的特点，可能还有一些其他的测试，比如技术类一般有逻辑测试，销售和交易部门可能会有针对交易员的速算测试；（3）电话面试，这一阶段可能会有一到两轮的电面，里面可能会有HR，也可能直接是招聘经理；（4）评估中心（Assessment Center），这一阶段是最后一步，申请人会被邀请到公司进行综合性考查。评估一般短则半天，长则一整天甚至两天，考查项目可能包括多轮面试、笔试、演讲、案例分析、小组讨论。

吸取去年的经验教训，我决定发挥自己理科方面的优势申请投行的技术部门。与此同时，我找到学校里一些有过成功申请经历的学哥和学姐，帮助我修

改简历和申请,同时练习面试技巧。为了模拟真实的面试环境,我找朋友在约定的时间给我打电话,问我常见的各种面试问题。另一方面,通过各种就业活动和校园招聘,我找机会和银行的 HR 和招聘经理交流,获取一些经验,其中在之前活动中认识的一个银行的 HR 后来在申请过程中给了我很多帮助。我面试的第一家公司是 HSBC,电话面试时我很紧张,发挥得很不好,所以特别沮丧。后来一个学姐鼓励我不要气馁,告诉我以后还会有机会的,同时帮助我总结不足,并在之后的练习中加以强化。

不久之后我又收到了 UBS 的面试,这一次我把握住了机会,一路杀入"决赛",最终斩获了第一个工作录取通知书。我这一年的申请最终以"大丰收"结束,我不仅仅收获了 UBS 的录取通知书,还有 DB 和 Credit Suisse 的。无疑,我是十分幸运的,但同时我想,机会总是垂青有准备的人的。如果没有之前大量的准备和练习,即使机会摆在我的面前,我恐怕也抓不住它。

点评:大家在申请工作时总会遇到各种挫折,只要坚持不懈,不断总结经验并提高自己,终究会得到好的工作机会。

3. 毕业后工作

无论对本土学生还是国际学生而言，毕业后的工作都是人生中最重要的一个环节。而对多数国际学生来说，还需要解决签证问题。按照英国现行的移民政策，非英国公民在英国工作需要雇主作为担保人来为雇员的签证做担保，不是任何雇主都可以担保工作签证的，必须是UKVI认证的企业才可以担保海外公民在英国的签证。具体的雇主名单可以查看UKVI网站（https://www.gov.uk/government/publications/register-of-licensed-sponsors-workers），学生可以以此名单为线索寻找自己满意的工作，或者直接问心仪的雇主会不会给合格的雇员解决签证问题。

国际学生要在英国申请工作签证还要满足职位和最低工资要求。每种岗位的最低工资标准不同，达到标准的雇主才可以提供签证担保，而且这个最低工资标准每年都在提高。不过学生也不要担心，这个工资标准基本上是英国一个普通毕业生的起薪水平，绝大多数有能力提供签证担保的雇主都可以给到这样的工资水平。

虽然国际学生在英国找工作有如上苛刻的要求，但是学生如果提早准备、耐心寻找的话，还是有很多工作机会的。比如要在上学期间就积累兼职或实习工作经验，这样毕业后就比较容易找到工作；比如说利用自己的语言优势，寻找一些与中国有业务往来的公司，学生的中国背景就会有很大的优势。目前，中国与英国政府的合作越来越紧密，很多英国企业寻求在中国发展，同时也有很多中国企业收购英国的业务。这几种情形下都需要大量的有中国背景的员工，所以留学生是有无限机会和可能的。

那么如何在英国找工作呢？请继续阅读学姐的经验分享和本章的第三小节。

经验分享：如何在英国找全职工作？

（分享人：HYC，爱丁堡大学，景观设计专业，目前在英国某知名设计公司工作）

回想起我当时找工作的时候，虽然表面看起来很顺利，其中的压力挫折只有自己才清楚。后来有很多朋友来问我如何找工作的问题，于是我总结了下面这三条可以涵盖任何行业的求职经验。

★ 早做准备

工作这个事情，真是赶早不赶晚，英国夏季5~7月很多有毕业生项目的企业就已经开始招聘了。我的建议是简历（CV）和相关文件越早准备越好，还可以根据经验积累更新，最好准备好一个简历模板，一旦遇到好的工作机会，简单修改一下就可以直接投递啦。很多设计类的专业需要作品集，就更需要充足的时间准备，要先把现有的作品整理好并留出更新的空间。

回想当时我找工作的时间，2月开始留意工作机会，4月文件准备齐全，经历一些投递和面试，6月面试成功拿到工作录取通知书，9月拿到工作签证（当时离自己的学生签证过期还有3个月）。每一步都提前一些才能留出足够的时间去寻找机会。设想9月才开始准备的学生，得需要多好的运气才能走完这个过程呢？

★ 寻求资源

有很多学生一筹莫展，人生地不熟怎么寻找工作机会呢？人脉资源无论在国内外都是求职的优势。所以，大脑要开动起来，挖掘自己身边的资源。

其一，求职信息来源。学校的就业指导中心会定期发布一些企业的招聘信息，也可以向导师和学哥学姐表明要找工作的意愿。导师一般都与本行业的企业有联系，有一些招聘的内部消息。学哥学姐工作的单位也许有招聘毕业生的计划。除此之外，是否可以让之前实习公司的老板帮你留意一下？某社团或某活动中认识的朋友是否可以帮忙？在领英（LinkedIn）中素未谋面的同行是否有相关工作信息？是否可以去猎头公司投递简历？

其二，网络资源。去网络上寻找招聘信息。由于国际学生需要工作签证，去UKVI下载一份可以提供工作签证担保公司的名单，优先考虑这些公司。大部分有中国业务的国际公司都可以帮助雇员办理签证，还可以利用自己的语言背景优势积累国内业务经验。即使这类公司没有招聘信息，也可以发邮件去问HR最近是否有招聘计划，并附上自己的资料。如果HR回复目前没有的话，要礼貌地回复感谢他并询问如有工作机会是否可以通知我，大大提高"刷脸度"。

★ 兵来将挡

准备好个人简历和相关文件之后，建议大家准备一个Excel表格，记录一下申请公司的时间、工作申请截止时间、工作要求、申请重点和申请状态。这样可以对每个公司的基本情况、申请进度一目了然，还可以从中分析出哪些是需要重点关注的企业。否则一顿海投，突然接到HR电话，根本忘记自己有申请过，因此完全不了解公司情况，什么都回答不上来，也许就浪费了本来有的面试机会。

如果接收到面试邀请，这时候就需要好好分析职位要求，摸清楚这个职位需要的能力和技术，怎么证明自己是合格的，小小演练一下也是极好的。经验证明，准备的越充分，面试时就越不紧张。面试的时候，尽量放轻松，尽力表现出自己最好的一面。我们从小受到的教育是要谦虚，所以很多时候不会"夸奖"自己。而英国的文化是，自信也是你能力和水平的一部分。公司接受"相信自己可以做好"的自信，而不接受"我做得不太好"的谦虚。

点评：机会是留给那些有准备的人的，只要提前做好准备，用对方法，就一定会找到理想的工作。

第三节 如何在英国找工作？

1. 找工作的途径

在国外找工作通常可以通过如下几种途径：学校的就业指导中心（Career Center）、招聘会（Job Fair）、职业中介（Job Agent）、求职网站、熟人介绍、当地报纸、店面广告等。

每所学校都会有专门的就业指导中心定期开办一些免费的就业指导课程，向学生提供寻找工作的信息，传授一些工作申请以及面试和笔试的技巧。学生在学习之余可以抽空去参加，这个对寻找实习以及毕业后的工作非常有帮助。如果想得到更深入的指导，可以写邮件给学校，预约就业指导老师（Job Advisor）的一对一交流。有些就业指导做得比较到位的学校，在学生毕业三年内都免费提供以上服务。

如果学生觉得一对一投递简历比较麻烦的话，也可以把简历投递给一些靠谱的中介或猎头公司。每所中介擅长的领域不一样，比如说有的是擅长金融、零售领域的，有的是擅长工程领域的，有的是擅长找兼职工作的。据笔者不完全统计，英国的职业中介或网站有上百所，提前做好功课可以减少自己投递简历的工作量。请注意：绝大多数职业中介是不向个人收取费用的，主要是向雇主收费。但也有职业中介的特定服务项目是收取费用的，比如说可以给应聘者进行模拟面试，修改简历中的不足等。其实学校的就业中心也提供这样的服务，就看学生能不能很充分地利用了。

熟人介绍这办法在国外也是好用的，但不是国内理解的靠关系，而是会近距离了解到一些企业的用人信息，至于能不能录取就全凭你自己了。有熟人在的好处是，学生可以了解到企业的一些内部情况，当面对面试中"你对我们企业的了解有哪些？"这种问题的时候，就可以从容应对了；同时能了解企业的用人偏好，知己知彼百战不殆嘛。如果学生要寻找实习工作和毕业后工作，就要与上几届的学哥学姐保持密切联系，随时关注他们所在企业的动态。如果想找兼职工作的话，要随时联系正在兼职的学生，因为兼职工作的人员流动性大，随时会缺人。而且兼职的进入门槛通常都不高，熟人介绍很容易成功。

2. 企业招聘流程

国外大企业的人事招聘通常采用以下流程：网申（Online Application）→在线测试（Online Test）→评估中心（Assessment Center）→录取。根据HSBC数据统计，网上申请的环节可以刷掉60%的申请人，在线测试的环节又会筛选掉一半的申请人以减少HR部门的工作量，如果应聘者能通过评估中心或面试，大概率就可以拿到工作申请了。

2.1 网上申请

企业会把用人信息发布在自己的网站或者相关中介的网站上，如果应聘者对职位感兴趣就可以在线申请了。在线申请需要准备好自己的简历（CV）、求职信（Cover Letter），并填写在线申请表（Application Form），这个表格还是有一定难度和技术含量的。

所谓的技术含量体现在，申请人在填写好学历和工作经验等基本信息后，还要应对一系列开放性问题（Open Question），就是企业根据自己要考查的要点向申请人提出3~10个问题。申请人要在规定的字数限制内（通常是200~300字）进行回答，既要答对要点又不能太过啰唆。几个问题的答案加起来就是一篇小论文的长度，回答问题对申请人语言和思维的要求比较高。有些中介会标价到100~200英镑回答一道问题，可见其难度以及重要性。

网申的开放性问题一般分为两大类：一类是基于能力的面试问题（Competence-based Question），主要是让申请人列举一些能证明自己某一能力的例子；另一类是基于动机的面试问题（Why Question），主要问为什么选择这个行业和这个职位等。下面分别做出介绍：

★ **基于能力的面试问题**（Competence-based Question）

每个公司对申请人能力的要求不同，但有一些主要考查的共同点，比如：沟通能力（Communication Skills）、团队合作精神（Team Working）、创造力（Creativity）、领导力（Leadership）、多任务操作能力（Multi-tasking）、韧性（Resilience）等等。这些要点是在西方教育中普遍注重培养的能力，但国内教育在以上某些方面相对比较缺失。所以大家要自己争气，好好利用西方教育努力弥补一下。

此外，不同职位对这些能力的要求也不一样，比如入门级别的岗位要求团队合作能力高；而管理培训生（Trainee）是为以后的团队领袖做前期培训的，所以对领导力要求高；像投行这种压力大、工作强度高的行业对多任务执行能力和抗压能力的需求就比较强烈；而市场开发人员的创造力又是 HR 考查的首要能力。在填写网上申请表的时候，只要看一下问题的排列顺序，就会知道哪些能力是企业看重的了。

★ **基于动机的面试问题**（Why Question）

最常见的问题包括为什么选择我们公司？为什么选择这个职位？相信 HR 已经听过成千上万个回答了。如果你想要表现出色，建议从以下两方面进行回答。

1. 公司的独特之处：需要学生对自己心仪的公司小小研究一下，研究的方式包括去公司网站，阅读公司的相关新闻报道，去领英（LinkedIn）找一下之前员工对公司的相关评价等。研究的方向包括公司的收入及运营情况，在行业中的地位，每年给慈善机构捐了多少钱，去年招聘了多少员工，员工都来自什么院校、什么专业、男女比例等。国外信息还是相对比较透明的，很多信息都可以在网上查找到，甚至包括各个级别的员工工资。

2. 自己的独特之处：在明确了公司所需要的人才类型后，学生需要把自己的特点和用人单位的需求联系起来。国外企业相信，员工只有在适合自己和自己喜欢的团队中工作，才能发挥最大的热情和效用。所以你要告诉 HR 自己是多么适合他们的公司，能给公司带来什么不同，不用你是公司的损失。这就需要学生不断挖掘和发现自己的潜力，达到与用人单位最大的匹配度。

2.2 在线测试

当应聘者的网上申请基本符合用人企业的要求后，公司会通知进行在线测试。HR 会把测试的入口以邮件的形式发给你，学生要在规定的时间内完成在线测试，并且一定要注意截止日期，只有测试合格后才能进行下一轮。

考查应聘者能力和天资的适应性在线测试（Aptitude Online Test）题型有点儿像 GRE 考试，所以参加过 GRE 考试的学生会更得心应手些。有些公司特别是投行也会用 GRE 考试成绩来评估学生的逻辑能力和数学能力。好吧！笔者知道来英国读书的绝大多数学生是没有考过 GRE 的。所以就只简单介绍一下这个在线测试的试题。

该测试的考查范围包括数学（Numerical）、阅读（Verbal）、图形逻辑（Logical）等。阅读就不用介绍了，是咱们从小考到大的；图形逻辑是给出一系列的图形，让你从中总结出规律，从而预测下个图形应该是什么，从选项中选择出一个正确答案（详见图 12）；数学的考查就五花八门了，比如说给出一些数据，让你计算一下尼泊尔的出生率和死亡率。再比如让你计算一下纽约和马尔代夫的时差等等。不熟悉的学生可以先到网站上练习一下。

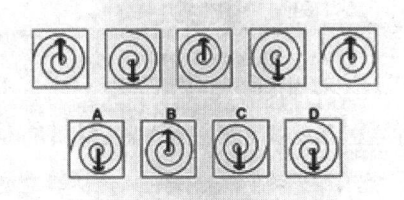

来源：Target Jobs Get Directory

图 12　图形逻辑考题样例

还有一些公司会进行性格测试（Personality Tests），用来考查一下应聘者的性格与公司的企业文化合不合得来。相信很多学生闲着无聊的时候都做过很

多心理测试了，而这里的心理测试是由专业公司研发的，要求你在规定时间内做出快速反应，会从不同角度对相同的考查点进行测试，想欺骗和隐瞒是不太可行的。当然，如果你的性格跟公司的文化比较匹配，将来自己工作起来也会比较舒服。这个测试不仅对公司好，也是对你负责。

近年来，又有一些新兴的测试比较流行，比如说情景判断，你可以在Wikijob上找到相关的建议和模拟试题；还有就是软件公司常用的用于测试应聘者编程能力的测试（Aptitude for Programming Test），再有就是广告公司和传媒领域常用的横向思维能力测试。学生可以根据自己的专业和需求，找到相应的试题进行了解和练习，毕竟熟能生巧。

2.3 评估中心

如今的外企面试已经从简单地去企业参加HR或者直属领导的面试，发展到现在的评估中心（Assessment Center），里面各种人力资源考查工具一应俱全，评估中心考验内容包括：笔试、一对一/一对多面试、小组讨论、角色扮演、邮件回复。每个公司的情况不同，评估中心环节会筛选不同项目对应聘者进行考查。通常一个流程下来需要1~2天的时间，如此可见，评估中心无论对应聘者或HR来说，都是体力和智力的考验。

现在就分别介绍一下各个环节，以及应对方式：

笔试：笔试跟大家之前做的在线测试差不多，但是相对要简单一些，由于时间有限只选取数学和图形逻辑这两者或者就只选数学来测试。主要目的是检测一下大家在在线测试环节中有没有作弊，这个环节不用太担心，毕竟是之前经历过的，只不过是换个地方做题而已。题目一般会选用SHL的，所以大家可以提前练习一下。

一对一／一对多面试：一对一的面试是人力资源领域最初期采用的形式，应聘者需要分别接受HR、将来的直属领导（Line Manager）或更高一级别领导的面试。而现在采用更多的是一对多面试（Panel Interview）的形式，就是以上2~3个人会同时出现在应聘者面前，他们从各自角度出发向你提出各种问题。

这是目前被认为比较高效的方法，可以节省应聘者的时间和公司的时间。同时，相对于一对一面试，一对多面试更考查面试者的抗压能力和应变能力。对于面试中的一些问题，学生可以采用STAR策略进行回答，本章插入的小文章中会进行介绍。

小组讨论：小组讨论就是面试官把面试者分为几个小组，小组成员共同完成某个假定的或者实际的项目，也有可能是对案例进行分析并找出可行的解决方案。在这个环节，企业主要想考查的是应聘者的团队合作能力和项目执行能力。

参加这项面试的策略一是，在热身阶段就要跟大家混熟，至少要记住几个人的名字，这样可以加分；策略二是，你要证明自己有领导能力和团队合作能力，不要只作为一个积极出点子的人，这样的话只能证明你聪明。更重要的是，在小组讨论中你可以推动整个项目前进，善于总结而且能担当；策略三是，在整个小组讨论中你要做笔记，这样就可以记录下重点，也可以弥补英文没有母语为英语的人士好的不足。

以上面试技能，学生可以在平时的学习中练就，所以在平时课堂讨论和小组活动中就要积极发言，提前做好讨论准备。在做小组作业选择小组成员的时候，要争取跟不同国家的学生组成小组，不要只在中国学生里扎堆。

角色扮演：角色扮演（Role Play）是对现实工作场景的模拟，面试官通常会给应聘者一份材料陈述被模拟的情景（Scenario）和需要达到的目标，应聘者会有20~30分钟准备自己的答案。接下来应聘者要把自己的解决方案展示在面试官面前，结束后面试官会根据应聘者的表现打分，在最后的面试环节会给出反馈。下面表格中给出了一个典型的角色扮演的例子，是关于如何解决客户的不满的，该题目是测试面试者的问题解决能力（Problem Solving Skill）的。学生可以在网上找到很多角色扮演的模拟问题来多多练习。

> **角色扮演练习举例**（Example role-play exercise）
>
> "You are the sales manager of a small firm. You receive a telephone call from an angry customer who bought a home security system from your company but is not happy with it. They are now threatening to take their story to a consumer watchdog and to the trading standards ombudsman. Your objective is to resolve the issue with the minimum damage to the company (both financially & in terms of our reputation). Plan your response and prepare to call the customer."

邮件回复（E-tray）：这个环节是为了测试应聘者的多任务执行能力（Multi-task）和优先执行任务次序的能力（Priority Task）。测试时间通常是30~60分钟，应聘者在规定时间内不断收到各种邮件，并需要按照紧急和优先程度来处理和回复。除此之外，在你忙得不可开交的时候，还会接到电话或者纸条，让你紧急处理其他事情。这些测试是模拟工作中的实战环境，从而测试应聘者的反应和速度。当你接到这种面试题目的时候，开始的时候就不要慌张，要分清任务的紧急程度和重要程度，一件一件处理，从容应对。

以上的招聘和测试环节，很多企业只采用一部分，通常只有大型企业才会用在线测试，而中小型企业通常只是筛选简历，采用电话面试或直接面试等环节。在每轮招聘环节中，所有应聘者都是站在同一条起跑线上被重新筛选，不会因为你的在线测试成绩优异，HR就会在面试中对你另眼相看。所以学生对每一轮筛选都要充分准备和认真应对。

面试技巧：STAR 策略

在面试中最常见的问题是情景（Situation）类的问题，就是让应聘者举例说明过去发生的一些事例，从而考查应聘者是否具有某种品质、性格或技能，让面试官从中考查应聘者是否能够胜任将来的工作，典型的问题如下：

1. Give an example of a time when you handled a major crisis（举个例子你是如何处理工作中出现的危机的）

2. Describe a situation where you had to explain something complex to a colleague or a client（请描述你是如何向你同事或客户解释一个复杂的问题的）

3. Describe a situation where you had to deal with an angry customer（请举例说明你是如何处理和应对一位正在怒火中的客户的）

应对情景类问题的最佳方法，就是采用 STAR 面试策略。简要地说就是首先描述一下你面对的情形或者要完成的任务，接下来阐述你采取了哪些行动，最后再总结一下你的行动对整件事情带来哪些好的结果。

S（Situation 情景）：简单清楚地描述出当时的情景；

T（Task 任务）：阐述需要完成的任务或达到的目标；

A（Action 行动）：采取了什么行动来达到目标；

R（Result 结果）：最终取得了怎样的结果；

为了更好地说明如何应对情景类问题，请看如下例子：

HR 提问："Describe a situation when you had to deliver excellent customer service following a complaint."

面试者参考答案：

Situation："A customer rang up complaining that they'd waited more than two weeks for a reply from our sales team regarding a product query."

Task: "I needed to address the client's immediate query and find out what went wrong in the normal process."

Action: "I apologised, got the details and passed them to our head salesperson, who contacted the client within the hour. I investigated why the query hadn't been answered. I discovered that it was a combination of a wrong mobile number and a generic email address that wasn't being checked. I let the client know and we offered a goodwill discount on her next order."

Result: "The client not only continued to order from us but posted a positive customer service tweet."

STAR策略是面试中非常重要的回答技巧，需要不断练习才能充分掌握。学生面试前可以先预测一下企业可能问到的问题，结合之前学习和工作中的经历准备好各种例子，从而做到面试中能够应对自如。

3．找工作的时间

不同类型企业的招聘时间是不同的，而且企业对不同类型工作的招聘时间也有所不同。那么如何把握好工作的最佳申请时机并做好准备呢？请阅读如下内容。

3.1 兼职工作申请时机

兼职工作可以说是随时都有的，因为兼职工作的人员流动性比较大，企业随时都会有招聘信息发布。学生可以注册几个兼职工作网站，并设定相关搜索条件，如果遇到合适的职位，招聘网站会主动发邮件到你邮箱，如果有合适的工作就可以进行申请了。

一般来说零售业和餐饮业集中招聘兼职岗位的时间是圣诞节和复活节，尤其是圣诞节，欧洲人民都不愿意在圣诞节工作。但这段时间在商场买东西和去餐馆消费的人又会特别多，当供需出现矛盾的时候，只是把圣诞节当作消遣的中国学生就可以隆重出场了，而且收入很不错。要注意的是，通常这样的岗位要提前1~3个月左右进行申请，因为英国人的习惯是提前计划安排。

3.2 实习工作申请时机

通常大公司的暑期实习（Summer Intern）要提前一年做准备，通常是9/10月开始申请，10月到次年1月就截止。也就是说如果你想大二结束后的暑假实习的话，那大二刚开学的9/10月份就要开始申请了，学生需要经过层层选拔才能得到实习的机会。如果你下手晚了，本年度就没有机会了，只能等下一年的机会了。复活节的实习申请一般会提前三个月，但是相对而言复活节实习机会比较少，学生只有两周假期。所以，学生还是应该更重视暑期实习的机会。

3.3 毕业后工作申请时机

相信通过以上的介绍，各位学生和家长已经了解到英国人有超长提前计划的习惯了。毕业后的工作也要提前做打算，企业下一年度的用人计划，很多都是前一年就计划好的。如果学生想毕业后在英国的大公司工作，那毕业前一年的圣诞节前就要忙碌于各种申请和网上测试，奔波于各个城市和各大企业的面试了。对于本科生来说，准备的时间比较充分，而且有的学生已经有过在公司实习的经历，申请的时候会更有优势。对于读硕士的学生来说，基本抵达英国以后就要想着毕业后找工作的事情了。

同时，那些毕业后想回国工作的学生就不用太着急，可以边写毕业论文，边物色工作。国内就业市场上有"金九银十"的说法。如果你错过了秋季招聘，春节过后还会有招聘的小高潮。目前很多国内有远见的大公司，会直接把招聘会开到海外来，吸引大批"海归"回国就业。通常在每年的9~10月会有很多中国企业远赴英国举办海外专场招聘会，有的机构还会组织企业的网上招聘会，方便留学生选择。

当然，也有一部分学生想毕业后去其他国家工作，笔者为大家推荐网站 Going Global（http://www.goingglobal.com），上边会有不同国家的招聘信息，并介绍其他国家的生活和工作环境、薪资水平和找工作的注意事项等。

本章小结：

在国外找工作不是一件容易的事情，需要学生花费很多时间和精力去做。如果想提高毕业后找到工作的概率，就要在平时从事一些兼职工作或争取企业的短期实习。虽然有些人在来英国之前，在国内有工作经验，但是海外的工作经验，更受雇主的青睐。如果学生想在英国获得更多的工作机会，就要提早下手，通过不断地申请和面试来积累经验。

最后，预祝大家都能找到自己理想的工作。

第十一章
学成归国

本章导读

经过多年的海外漂泊后,学生终于完成学业或积累了一定的海外工作经验回到祖国的怀抱。本章将主要介绍回国前都要办理哪些必要的手续,如何享受留学归国人员的优惠政策,回国后是选择找工作还是自己创业,是选择一线城市还是二、三线城市发展,回国后如何适应国内的工作和生活环境,以及如何调整回国后的心态。希望本章节的内容对学成归国的"海归"们有所帮助。

第一节 回国准备

> 本小节将介绍归国前的一些必要准备，包括：如何办理《留学回国人员证明》和《国外学历认证》，从而享受留学归国人员的优惠待遇；如何申请消费退税和个人所得税的退税，行使自己作为消费者或纳税人的权利；还将介绍如何注销在英国的各种账户和如何托运行李回国等，请大家仔细阅读。

1. 归国证明和学历认证

★ 办理《留学回国人员证明》

首先解释一下归国留学人员需要办理《留学回国人员证明》的原因，主要是学生回国后在办理派遣落户手续和享受留学归国人员优惠政策的时候需要提供该证明。国家建议留学人员在归国之前尽早开具《留学回国人员证明》，以备不时之需。如果学生已经决定回国，请阅读以下内容来了解办理流程。

不是所有学生都可以办理《留学回国人员证明》，满足如下条件的人员才能办理：第一种情况，申请人必须是持有英国学生签证的学生，并且在英国读的是本科及本科以上课程。第二种情况，持有学术访问签证并在英国高校进修6个月以上，或者持有工作签证在英国高校从事6个月以上的博士后研究。需要注意的是，这两种情况中的申请人所就读、进修或工作的英国高校必须是被中国教育部认可，且被列入中英两国政府学位证书互认框架协议内的高等教育机构。

那么办理《留学回国人员证明》需要提供哪些材料呢？由于本书主要针对的是留学生，所以只针对第一种情况进行介绍：

1. 毕业证书复印件；
2. 护照和英国签证复印件；
3. 回国机票或回国护照入境章页复印件；

4. 授权信：申请人同意驻英大使馆教育处向学生原就读院校核实情况的授权信，授权信模板可以在中国驻英国大使馆网站上找到，必须有本人签名；
5. 留学生报到登记表：该表是刚来英国的学生到使馆注册以后得到的一个注册表（在本书第七章"7.1.4 使馆注册"中有介绍）。如果学生刚来英国的时候没有到大使馆注册，那就赶紧补一下；
6. 贴邮票的信封：用于大使馆把《留学回国人员证明》邮寄到学生指定的国内地址。

《留学回国人员证明》一共有三联。第一联由学生自己保存，第二联可以在回国后向海关申报购买国产免税车时出示，第三联是由中国驻英大使馆教育处（或驻曼城总领馆教育组）保存留底。办理时间需要20个工作日左右，可以在报到登记系统里查看办理状态。如果时逢毕业高峰期，办理的时间会更长一点，所以学生要打好提前量。有些学生在英国既读了本科又读了硕士，那么需要用最高学历来办理回国证明。如果学生有任何疑问，可以与中国驻英国大使馆文化教育处联系。

★ 办理《国外学历认证》

首先来谈一下为什么要办理学历认证：一方面是为了保证学生在海外获得的毕业证具有合法性和真实性；另一方面是给学生在国外获取的学位提供一个官方的认证。办理学历认证不是强制的，但如果学生回国后考虑进国企或报考公务员，或者想要享受国家给予留学生的一些优待政策的话，那么这个认证是必须要办理的。

学历认证需要到教育部留学服务中心或其境外学历学位认证点办理。以前只能在北京办理，但是随着留学人员的增加，为了方便学生，目前除北京之外，还有40多个"国（境）外学历学位认证申请材料验证点"分布在全国的主要城市，各验证点均可以查验和代收认证申请材料。学生可以在如下网站中查找到距离自己最近的学历认证点：http://renzheng.cscse.edu.cn/Contact.aspx。

那么，国外学历认证需要提供的材料有哪些呢？

1. 二寸彩色证件照（蓝色背景）；
2. 需认证的国外学位证书；
3. 需认证的国外学位证书对应的成绩单；
4. 需认证的国外学位证书和成绩单的中文翻译件（须经正规翻译机构或公司翻译，个人翻译无效）；
5. 申请人留学期间所持有的护照和签证；
6. 申请人亲笔签名的授权证明（授权中国教育部留学服务中心向学生原就读院校核实情况）。

学生去中心办理认证时要携带所有材料的原件，原件会在中心复印并返还给学生。如果本人不能亲自办理，代理人需提供《代理递交认证申请材料委托书》及代理人的有效身份证件。需要注意的是，一位代理人只能代理递交一位申请人的认证申请材料。

国外学历认证需收取 360 元认证费，如果学生要认证两个及以上学历，则每个认证都要支付 360 元。认证结果统一通过 EMS 直接邮寄给申请人（仅限邮寄至中国境内）。学生在递交申请材料以后，一般 20 个工作日左右可以拿到认证结果，同时可以进入认证官网登录自己最早注册的账户来查询认证进度。办理国外学历认证的网站为 http://renzheng.cscse.edu.cn。

2. 注销账户

★ 关闭银行账户

学生来英国以后一般都会有 1~2 张银行卡，有的学生还有英国的信用卡，如果近期不打算再回英国的话，记得要把银行账户关闭并把剩余的资金转入国内。办理方法是：携带银行卡和有效身份证件（如护照和签证卡）直接到银行去办理。如果学生已经在中国，也可以写信给银行要求关闭账户。

★ **注销手机合同**

如果学生使用的是签约手机，在离境的时候合同还没有到期，那么要记得把剩余的款项结清，否则会影响个人的信用记录。如果学生与通信公司签署的是 Pay Monthly 的合同，也要及时通知通信公司自己准备离境，这样就不会继续被扣款了。

★ **结算租房账单**

如果学生选择的是校外租房，在离境的时候房屋租赁合同还没有到期，那么通常要提前一个月与房东打招呼，这样之前交付的押金才能返还。如果学生使用自己的名字缴纳水、电、煤气费和网费的话，也要记得与相关部门打招呼。

★ **警局、GP 注销**

学生来英国的时候都注册了 GP，在离境的时候也要通知 GP 自己准备离开英国。学生来英国的时候也在警局注册过，不仅更换地址的时候要通知警局，临走的时候也要通知警局自己要离开了。虽然这些都是很小的事情，但是要记得去做。

此外，有些学生在留学期间还办理了各种需要收取月费或年费的会员卡，如健身房的会员卡、徒步旅行组织的会员卡、旅行保险年卡等，也要记得注销。如果不注销会籍的话，会费会继续从学生的银行卡中扣除。

3. 归国退税

归国前的退税分为消费税退税和个人所得税退税两种情况。

★ **消费税退税（VAT）**

学生回国前可能会买很多东西，有给亲朋好友的礼品，也有自己以后会用到的一些东西。学生回国前三个月在英国买的东西是可以申请退税的，但前提是 12 个月之内不再回英国；还有一类人群也可以退税，就是持有旅游或探亲签证来英国的父母们。那么接下来就向学生和家长们介绍一下怎样退消费税。

那么，哪些商品可以申请退税呢？答案是只要能开具退税单的商品都可以退税。通常只要在商店里单次消费50英镑以上，商店就可以开具退税单，但是需要退税人出示自己的护照和签证证明自己是有资格退税的。还有学生想问在网上购买的商品是否可以退税呢？答案是只要能取得退税单，就可以申请退税。

接下来到哪里去退税呢？答案是去机场和部分城市的市内退税点。首先来说市内的退税点，比如在伦敦的学生可以直接去位于牛津街的退税点去退税（地址：339 Oxford St，W1C 2JB），但这里只能对在伦敦购买的商品进行退税。最常见的就是去机场退税，有些英国机场的退税点，不仅能给在英国购买的商品退税，还能给在欧洲其他国家购买的商品退税。而且有些机场在安检前和安检后都有退税点，比较方便。要提醒学生和家长的是，机场退税点都有固定的工作时间，要提前查好，以免耽误了退税。

那么到底能退多少税呢？英国的消费税是20%，退税税率根据商品的类型有所不同，通常能退10%~20%。退税的时候可以要求退现金或退到信用卡上，现在还有了支付宝退税这样新型的退税方式，极大地方便了学生。如果是非现金退税的话，通常是1~6个月可以收到退款。

★ **个人所得税退税（Income Tax）**

在英国工作过的人，在决定回国的时候可以申请个人所得税退税。有关个人所得税的税率，笔者已在第十章"10.1.3 个人所得税"中进行了介绍。

对国际学生和在英国工作过的外国人来说，什么情况下可以申请个人所得税退税呢？1. 在英国工作过的学生年收入未超过12,570英镑却被征收了个人所得税，可以申请退回缴纳的全部税款；2. 毕业后在英国工作过一段时间，现准备回国并且12个月内不会再回到英国的人，可以申请退回多缴纳的税款。因为公司每个月是按照全年的比例来扣税的，但当你回国的时候并没有工作满一整个财政年度，因此可以申请把多缴纳的税款退回（备注：英国的财政年度是每年的4月6日到下一年的4月5日）。

那么如何申请个人所得税退税呢？当你辞去工作准备离境的时候需要向雇

主索要一份表格，表格上记录了你本财政年度中已经发放的工资数额和已经缴纳的税款金额。接下来需要填写表格来申请退税，通常还需要你提供最后一个月的工资单、护照和签证的扫描件。税务局的官方说法是在递交申请后的4~6周会退回税款，但实际上时间可能会有所不同。

4. 行李托运

经过多年在英国的学习和生活，你在回国的时候一定积攒了大量的行李和需要携带回国的礼品，那么航空公司两个行李箱的免费托运限额肯定远远满足不了你的需要。这个时候可以考虑把行李海运回国，虽然慢一些，但是价格相对公道合理。英国留学生常用的私人行李托运公司包括：海龙（Dragonsea）、大西洋（Atlantic）、七海国际（Sevensea）；可以托运行李的国际快递公司包括：敦豪速递公司（DHL）、联邦快递（FEDEX）、联合包裹服务公司（UPS）等。那些私人的行李托运公司价格相对便宜，而用国际快递公司托运行李价格相对较贵，大家可以综合比较一下再做选择。

那么，委托第三方公司托运行李的流程是怎样的呢？首先要看一下自己有多少行李需要托运，估算一下需要预订多少个纸箱才能把行李托运回国，然后联系以上公司确认报价。之后托运公司会把纸箱送到你家，等你打包好后再派人来取。打包的时候要合理地安排行李的叠放顺序，并且做一些防潮保护措施。托运申请人还需要准备报关材料，如护照签证复印件、装箱物品清单、学校证明等。行李委托给托运公司后，可以在网上进行全球跟踪定位查询，海运通常需要2个月左右才能抵达，需要耐心等待。

第二节 归国工作与创业

1. 归国城市选择

若学生决定学成后归国，那么就需要考虑什么样的城市发展，有些学生会纠结于城市选择：是去北上广深这样的一线城市？还是去二三线城市？是去中西部支援建设？还是回到家乡城市与亲人团聚？其实以上选择各有利弊，现在笔者就来分析一下。

★ 选择一线城市

很多留学生毕业后都会选择到一线城市继续发展，因为像北上广深这样的大城市有其他城市无可比拟的优势。1. 就业和创业机会多：很多"海归"会选择在外企就业，而跨国公司通常会在一线城市设立中国区或亚太地区总部；选择创业的学生，在北上广深这样的城市能享受更多的留学生创业优惠政策，而且大城市的基础设施比较好，有利于"海归"创业。2. 工资高：相对于二三线城市，一线城市的收入水平比较高，虽然生活成本也比较高，但是存下的钱相对是较多的。3. 生活便利：一线城市经济和文化发展通常十分繁华，生活设施比较齐全而且文化活动也比较丰富，"海归"们在闲暇时间有很多地方可去。

但是一线城市也有很多弊端，如：1. 生活压力大：一线城市的房产价格普遍较高，无论是"海归"还是其他人都要承受一定的经济压力；2. 人才竞争激烈：北上广深这样的大城市聚集了"海归"和优秀的大学毕业生，应聘工作的时候竞争比较激烈；3. 交通拥堵，空气质量差：这两项是大城市普遍存在的问题，交通拥堵延长了人们上下班的时间，降低了生活质量；而且大城市严重的空气污染会影响人们的身体健康。

★ 选择二三线城市

一些"海归"也会选择在二三线城市落叶生根，因为随着中国整体经济的发展，二三线城市也逐步振兴和繁荣起来了，也有一些一线城市无法比拟的优势，如：1. 生活成本和创业成本低：二三线城市的生活成本相对较低，"海归"

的创业成本也低，如厂房或办公室的租金成本、人力资源成本等，都要比一线城市低很多；2. 城市发展潜力大：二三线城市具有更大的城市增长潜力，特别是一些省会级别的城市，如武汉、成都、西安、沈阳、哈尔滨等；3. 人才需求旺盛：留学归国人员在二三线城市能够受到充分重视，与一线城市相比，二三线城市的人才密度没有那么高，企业求才若渴，更看重人才的引进。

当然在二三线城市就业和创业也有一些弊端，如：一些小城市的基础设施没有那么好，有些用人单位不太能为"海归"提供好的发展平台，当用人单位不能为其学识和技能的发挥提供一个匹配的平台时，人才资源会被浪费；此外，二三线城市的工作单位可能并不像一线城市的用人单位那样有完善、公平的用人机制和开放融洽的公司文化，也免不了复杂的人情关系，如果留学归国人员不能很好地处理这些问题，将会影响自身的发展。

★ 选择回到家乡还是外出闯荡

回国后是选择回到家乡还是去其他城市闯荡也困扰着很多学生。归国后回到家乡发展会有很好的人脉资源，亲戚、朋友或老同学都可能会为自己的事业提供帮助。并且回到家乡发展可以更好地照顾父母，这是绝大多数"海归"回国后选择回到家乡的主要原因。但是，一部分"海归"因为家乡不能给自己的事业发展提供很好的平台或者没有对口的就业机会，不得不外出闯荡。有些学生会选择毕业后的前几年在外面闯荡，等到时机成熟再回到家乡发展；或者在外面城市发展得很好后，把父母和家人接到自己所在的城市一起生活，这些都是很不错的选择。

2. 找工作

对于大多数没有工作经验的"海归"来说，回国首先还是要找一份工作。在国内找工作的方法有很多种：可以去参加"海归"专场招聘会，可以去招聘网站注册并投递简历，也可以直接去有意向的企业投递简历，还可以由亲戚朋友推荐工作。如果学生早有回国工作的打算，就不要等到回家才开始找工作，在英国的时候就要着手进行一些调查来了解国内的就业市场；也可以参加一些企业的海外招聘专场，如果能得到用人单位青睐的话，学生就能在回国之前解决工作问题。

学生在选择工作的时候应该有一个大框架，考虑的顺序依次是：行业、职业、公司。选择自己喜欢的行业很重要，因为你以后跳槽也很可能是在行业内部轮转，而且要尽量选择朝阳行业而不是夕阳行业；职业选择要看你在国外的专业背景是什么，喜欢做的工作是什么；选择公司要看企业文化、公司福利待遇以及未来的增长潜力等。

找工作是一个双向选择的过程，学生在选择工作的同时，用人单位也在对应聘者进行筛选，尤其是在目前留学归国人员逐年增多的就业形势下。为了回国后能顺利找到工作，学生在留学期间就要注意积累一些实习经验，甚至是义工的工作经验。在海外有过工作经验的学生，回国应聘时会更有优势。如果要应聘跨国企业的话，也可以尝试在英国应聘，积累一些投递简历和面试的经验，因为跨国企业在全世界的招聘流程基本一样。如果能有幸应聘到从英国派遣到中国的工作，拿着英国的薪水在中国花，那真是再好不过了。

需要特别提醒的是，学生要注意调整在回国就业方面的心理落差。通常"海归"在刚刚回国的时候心理预期会比较高，而就业市场上实际提供的工作机会可能并没有想象中的那样好。在有些行业里"海归"并没有很大的竞争优势，工资待遇上也没有得到特别的优待，很多"海归"在毕业后只拿到三四千元的月薪。虽然"海归"们在刚刚回国找工作的时候会面临很多困难，但是在企业里的提升机会比较多，很多"海归"在毕业几年后都担任了企业的高级主管或高级技术人员，所以前景还是很令人欣喜的。

> **Tips　国内找工作常用网站**
>
> 前程无忧 http://www.51job.com
> 智联招聘 http://www.zhaopin.com
> 猎聘网 http://www.liepin.com
> 中华英才网 http://www.chinahr.com

3. 自主创业

一些在国外掌握了先进技术或资源想要做出一番事业的"海归"们，回国后会选择自主创业，甚至有些"海归"是直接带着项目回国的。随着中国经济的持续增长，目前国内有比较好的创业机会，创业环境也比以前有了很大的改善。而且中央和地方政府出台了各种鼓励"海归"创业的相关政策，如：在北京创业的"海归"会得到10~100万不等的启动资金资助；一些留学生创业园提供第一年免租金的办公室。除此之外，留学生创业还会得到税收和贷款方面的一些优惠。正是这些优惠政策和越来越好的创业环境，吸引了大量"海归"创业。

那么，目前"海归"创业都集中在哪些领域呢？根据《中国"海归"创业发展报告》统计，"海归"创业主要集中在高新技术密集型行业，以新一代电子信息技术行业（39.7%）和新生物和新医药行业（18.2%）为主。互联网、IT和通信等高新技术领域创业成功的"海归"占到了70%以上，还有20%的"海归"集中在咨询、法律服务和教育等知识服务经济领域，只有5%左右的"海归"是在制造领域。调查说明"海归"在自身擅长、有专业技术优势、国内外差距较大的高新技术领域里创业独具优势。

"海归"创业的启动资金来自哪里呢？根据《中国"海归"创业发展报告》统计，53%的"海归"创业的主要资金来源于个人存款；9%的"海归"回国创业的主要资金来源于朋友、亲戚借款；创业的主要资金来源于国内企业和国内风险投资的"海归"分别占10%和8%；创业主要以国外企业入股和国外风险投资为资金来源的"海归"分别仅占3%和4%。据调查，目前国内"海归"创办的企业中近1/3最终以失败而告终，其中一个重要原因就是资金难以为继。尽管创业"海归"具备一定的海外社会网络和海外优势，但他们仍然需要依托国内市场获取政府、客户、资金和人才等重要创业资源。

> **Tips 你知道吗？**
> 以下企业都是"海归"创办的：
> 百度、亚信、UT斯达康、搜狐、新浪、中星微电子、当当、携程、E龙、空中网、尚德集团、展讯、启明星辰等。

那么作为"海归"的你，到底应不应该创业呢？首先，任何创业都有风险，甚至要面临血本无归的可能，所以要想创业就要有比较强的风险承担能力和比较好的心理承受能力。"海归"创业发展依托于技术、团队和资金三要素，"海归"在创业的时候要考虑到自己掌握的领先技术在国内是否可以实现；是否具有与自己出生入死、一起承担风险的创业团队；是否有持续不断的资金链供应。从性格上来说，选择创业的"海归"不喜欢早九晚五比较受拘束的工作，喜欢创新，喜欢自己做主并干出一番事业来。如果大家具有以上的资源和雄心可以考虑归国创业。

本章小结：

本章为学成归国的留学生和在国外工作了几年准备回国的游子们介绍了回国前的准备、回国后如何找工作或创业，以及回国后如何适应本地生活做一名入乡随俗的"海归"。在国外漂泊的时间越长，"海归"们在回国后需要重新适应国内生活的时间就越久。在本书结尾，笔者预祝莘莘学子在英国学业有成，就业顺利，生活愉快。

附录

附录1 MBTI 职业性格测试

MBTI 职业性格测试是目前国际上最为流行的职业人格评估工具，是美国心理学家 Katherine Cook Briggs（1875-1968）和她的心理学家女儿 Isabel Briggs Myers 以荣格的《人格分类》理论为基础，根据她们对人类性格差异的长期观察和研究总结出的一套理论。经过70多年的实践和发展，MBTI 现在已经广泛应用于企业招聘、心理学测量、内部人才盘点、职业规划及职业测试等众多领域。

MBTI 理论把人格划分为四个维度，每个维度有两个类型。

第一个维度：根据个人的能量更集中地指向哪里，分为外向（E）和内向（I）两个类型；

第二个维度：根据个人收集信息的方式，分为感觉（S）和直觉（N）两个类型；

第三个维度：根据个人做决定的方式，分为思考（T）和情感（F）两个类型；

第四个维度：根据个人最感到舒适的生活方式，分为判断（J）和知觉（P）两个类型。

一系列测试把四个维度进行组合，得出十六种性格类型。需要强调的是，每一种性格类型都是独特的，没有哪一种最好或是最不好。大家可以根据测试结果对自己的未来职业进行选择。具体的16种性格类型如下：

附录

ISTJ Inspector 稽查员	**ISFJ** Protector 保护者	**INFJ** Counselor 咨询师	**INFP** Healer/Tutor 治疗师/导师
ESTJ Supervisor 监督者	**ESFJ** Provider/Seller 供给者/销售员	**EXFJ** Teacher 教师	**ENFP** Champion/Advocate/Motivator 拥护者/倡导者/激发者
ISTP Operator 操作者	**ISFP** Composer/Artist 作曲家/艺术家	**INTJ** Mastermind/Scientist 智多星/科学家	**INTP** Architect/Designer 建筑师/设计师
ESTP Promotor 发起者	**ESFP** Performer/Demonstrators 表演者/示范者	**ENTJ** Field Marshall/Mobilizer 统帅/调度者	**ENTP** Inventor 发明家

16 种 MBTI 性格类型及职业倾向

ISTJ 稽查员型：沉静、认真；贯彻始终，得人信赖而取得成功；讲求实际，重视事实，能够合情合理地去解决应做的事情，而且坚定不移地把它完成，不会因为外界事物而分散精神；以做事情有次序、有条理为乐——不论是在工作上、家庭上或是在生活上；重视传统和忠诚。

职业倾向：管理者、行政管理者、执法者、会计，或者其他能够让他们利用自己的经验和对细节的注重完成任务的职业。

ISFJ 保护者型：沉静、友善、有责任感、谨慎；能坚定不移地承担责任；做事贯彻始终、不辞劳苦和准确无误；忠诚、替人着想、细心；往往记着他所重视的人的种种微小事情，关心别人的感受；想要努力创造一个有秩序、和谐的工作和家居环境。

职业倾向：教育工作者、健康护理（包括生理、心理）人员、宗教服务者，或者其他需要运用自己的经验亲力亲为地帮助别人的职业以及协助或者辅助性的职业。

ESTJ 监督者型：讲求实际、注重现实、注重事实；果断，能很快做出实际可行的决定；善于将项目和人组织起来将事情完成，并尽可能以最有效的方法达到目的，能够注意到日常例行工作中的细节；有一套清晰的逻辑标准，系统性地遵循，并希望他人也同样遵循；以较强硬的态度去执行计划。

职业倾向：管理者、行政管理、执法者，或者其他能够让他们运用对事实的逻辑和组织完成任务的工作。

ESFJ 供给者型：有爱心、有责任心、善于合作；希望周边的环境温馨而和谐，并为此果断地营造这样的环境；喜欢和他人一起精确并及时地完成任务；忠诚，即使在细微的事情上也是如此；能体察到他人在日常生活中的需求并竭尽全力地帮忙；希望自己和自己的所作所为能受到他人的认可和赏识。

职业倾向：教育者、健康护理（包括生理、心理）人员、宗教服务者，或者是其他能够让他们运用个人关怀为人们提供服务的职业。

ISTP 操作者型：容忍，有弹性；是冷静的观察者，当有问题出现时，能够迅速行动，找出可行的解决方法；能够分析出哪些东西可以使事情进展顺利，又能够从大量的资料中，找出实际问题的重心；很重视事件的前因后果，能够以理性的原则把事实组织起来，重视效率。

职业倾向：熟练工种、技术工种、农业生产者、执法者、军人，或者其他能够让他们动手操作、分析数据或事情的职业。

ISFP 艺术家型：沉静、友善、敏感、仁慈；欣赏他们周遭所发生的事情；

附录

喜欢有自己的空间，做事又能把握自己的时间；忠于自己的价值观，忠于自己所重视的人；不喜欢争论和冲突；不会强迫别人接受自己的意见或价值观。

职业倾向：健康护理（包括生理、心理）人员、商业从业者、执法者，或者其他需要友善、专注于细节的服务类职业。

ESTP 发起者型：灵活、忍耐力强、实际、注重结果；认为理论和抽象的解释非常无趣；喜欢积极地采取行动解决问题；注重当下，自然不做作，享受和他人在一起的时刻；喜欢物质享受和时尚；认为学习新事物最有效的方式是通过亲身感受和练习。

职业倾向：市场从业者、熟练工种、商业从业者、执法者工种、应用技术工种，或者其他能够让他们利用行动关注必要细节的工作。

ESFP 表演者型：外向、友善、包容；热爱生活、热爱人类、热爱物质上的享受；喜欢与别人共事；在工作上，讲究常识和实用性，关注现实，使工作具有趣味性；富有灵活性、即兴性，自然不做作，易接受新朋友和适应新环境；与别人一起学习新技能可以达到最佳的学习效果。

职业倾向：健康护理（包括生理、心理）人员、教学/教导者、教练、儿童保育员、熟练工种，或者其他能够让他们利用外向的天性和热情去帮助那些有实际需要的人们的职业。

INFJ 咨询师型：寻求思想、关系、物质等之间的意义和联系；希望了解什么能够激励别人，对人有很强的洞察力；有责任心，坚持自己的价值观；对于怎样能更好地服务大众有清晰的远景；在实现目标的过程中有计划而且果断坚定。

职业倾向：宗教服务者、咨询服务（包括个人、社会和心理等）者、教学/教导者、艺术家，或者其他能够促进情感、智力或精神发展的职业。

INFP 治疗师型：理想主义者，忠于自己的价值观及自己所重视的人；外在的生活与内在的价值观相匹配，有好奇心，能很快看到事情可能与否，能够加快对理念的实践；试图了解别人、帮助别人发展潜能；适应力强，有弹性；如果价值观没有冲突，往往能包容他人。

职业倾向：咨询服务（包括个人、社会和心理等）者、作家、艺术家，或者其他能够让他们运用创造力的职业。

ENFJ 教师型：温情、有同情心、反应敏捷、有责任感；非常关注别人的情绪、需要和动机；善于发现他人的潜能，并希望能帮助他人实现梦想；能够成为个人或群体成长和进步的催化剂；忠诚，对赞美和批评都能做出积极的回应；友善、好社交；在团体中善于帮助他人，并有鼓舞他人的领导能力。

职业倾向：宗教服务者、艺术家、教学/教导者，或者其他能够让他们帮助别人在情感、智力和精神上成长的职业。

ENFP 拥护者型：热情洋溢、富有想象力；认为生活是充满很多可能性的，能很快地将事情和信息联系起来，然后很自信地根据自己的判断解决问题；非常需要别人的肯定，乐于欣赏和支持别人；灵活，自然不做作，有很强的即兴发挥的能力，语言流畅。

职业倾向：咨询服务（包括个人、社会和心理等）者、教学/教导者、宗教服务者、艺术家，或者其他能够让他们利用创造和交流去帮助他人成长的职业。

INTJ 科学家型：在实现自己的想法和达成自己的目标时有创新的想法和非凡的动力；能很快洞察到外界事物的规律并形成长期的计划；一旦决定做一件事就会开始规划并有始有终；多疑、独立，对自己和他人在能力和表现上的要求都非常高。

职业倾向：科学或技术领域从业人员、计算机程序员、律师，或者其他需要运用智力创造和技术知识去构思、分析和完成任务的职业。

附录

INTP 建筑师型：对任何感兴趣的事物，都要寻找一个合理的解释；喜欢理论和抽象的事物，喜欢理念思维多于社交活动；沉静、知足、有弹性，适应力强；在感兴趣的范围内，有非凡的能力去专注而深入地解决问题，有怀疑精神，有时喜欢批判，善于分析。

职业倾向：科学或技术领域从业人员，或者其他能够让他们通过自己的专业技术知识独立、客观分析问题的职业。

ENTJ 统帅型：坦诚、果断，有天生的领导能力；能很快看到公司或组织程序和政策中的不合理或低效之处。善于发展并实施有效和全面的系统来解决问题；善于做长期计划和设定长期目标；通常见多识广、博览群书，喜欢拓展自己的知识面并将此分享给他人；陈述自己的想法时表达强而有力。

职业倾向：管理者、领导者，或者其他需要运用实际分析、战略计划和组织完成任务的职业。

ENTP 发明家型：反应快、睿智、有激励别人的能力，警觉性强、直言不讳；在解决新的、具有挑战性的问题时机智而有策略；善于找出理论上的可能性，然后再用战略的眼光分析；善于理解别人；不喜欢例行公事，很少会用相同的方法做相同的事情，倾向于循序渐进地发展新的爱好。

职业倾向：科学家、管理者、技术工种、艺术家，或者其他能够让他们不断接受新挑战的工作。

附录2 霍兰德职业兴趣测试

霍兰德职业兴趣测试由美国著名的职业指导专家霍兰德编制,在几十年间经过一百多次大规模的实验研究,形成了人格类型与职业类型的学说和测验。该测验能帮助被试者发现和确定自己的职业兴趣和能力专长,从而科学地做出求职选择。霍兰德在其一系列关于人格与职业关系假设的基础上,提出了六种基本的职业类型,即:实际型、调研型、艺术型、社会型、企业型和常规型。

六种类型的内容

社会型(S):

共同特征:喜欢与人交往、不断结交新的朋友,善言谈,愿意教导别人;关心社会问题,渴望发挥自己的社会作用;寻求广泛的人际关系,比较看重社会义务和社会道德。

典型职业:喜欢要求与人打交道的工作,能够不断结交新的朋友,从事提供信息、启迪、帮助、培训、开发或治疗等工作,并具备相应能力。如:教育工作者(教师、教育行政人员)、社会工作者(咨询人员、公关人员)。

企业型(E):

共同特征:追求权力、权威和物质财富,具有领导才能;喜欢竞争,敢冒风险,有野心和抱负;为人务实,习惯以利益得失、权利、地位、金钱等来衡量做事的价值,做事有较强的目的性。

典型职业:喜欢要求具备经营、管理、劝服、监督和领导才能,以实现机构、政治、社会及经济目标的工作,并具备相应的能力。如:项目经理、销售人员,营销管理人员、政府官员、企业领导、法官、律师。

常规型(C):

共同特点:尊重权威和规章制度,喜欢按计划办事,细心、有条理,习惯接受他人的指挥和领导,自己不谋求领导职务;喜欢关注实际和细节,通常较为谨慎和保守,缺乏创造性,不喜欢冒险和竞争,富有自我牺牲精神。

典型职业:喜欢要求注意细节、精确度、有系统有条理,包含记录、归档、根据特定要求或程序组织数据和文字信息的工作,并具备相应的能力。如:秘书、

附 录

办公室人员、记事员、会计、行政助理、图书馆管理员、出纳员、打字员、投资分析员。

实际型（R）：

共同特点：愿意使用工具从事操作性工作，动手能力强，做事手脚灵活，动作协调；偏好于具体任务，不善言辞，做事保守，较为谦虚；缺乏社交能力，通常喜欢独立做事。

典型职业：喜欢使用工具、机器，需要基本操作技能的工作。对要求具备机械方面才能、体力或从事与物件、机器、工具、运动器材、植物、动物相关的职业有兴趣，并具备相应的能力。如：技术性职业（计算机硬件人员、摄影师、制图员、机械装配工）、技能性职业（木匠、厨师、技工、修理工、农民、一般劳动者）。

调研型（I）：

共同特点：思想家而非实干家，抽象思维能力强，求知欲强，肯动脑、善思考、不愿动手；喜欢独立的和富有创造性的工作；知识渊博、有学识才能，不善于领导他人；考虑问题理性，做事喜欢精确，喜欢逻辑分析和推理，不断探讨未知的领域。

典型职业：喜欢动脑的、抽象的、分析的、独立的定向任务，要求具备智力或分析才能，并将其用于观察、估测、衡量，形成理论并最终解决问题的工作。如：科学研究人员、教师、工程师、电脑编程人员、医生、系统分析员。

艺术型（A）：

共同特点：有创造力，乐于创造新颖、与众不同的成果，渴望表现自己的个性，实现自身的价值；做事理想化、追求完美、不重实际；具有一定的艺术才能和个性；善于表达、怀旧，心态较为复杂。

典型职业：喜欢的工作要求具备艺术修养、创造力、表达能力和直觉，并将其用于语言、行为、声音、颜色和形式的审美、思索和感受，不擅长事务性工作。如：艺术方面（演员、导演、艺术设计师、雕刻家、建筑师、摄影家、广告制作人）、音乐方面（歌唱家、作曲家、乐队指挥）、文学方面（小说家、诗人、剧作家）。

然而，大多数人都并非只有一种性格。比如，一个人很可能同时具有社会型、实际型和调研型这三种的特征。霍兰德认为，若这些性向越相似，相容性越强，则一个人在选择职业时所面临的内在冲突和犹豫就会越少。为了帮助描述这种

情况，霍兰德建议将这六种类型分别放在正六边形的六个角上，构成如下图形。

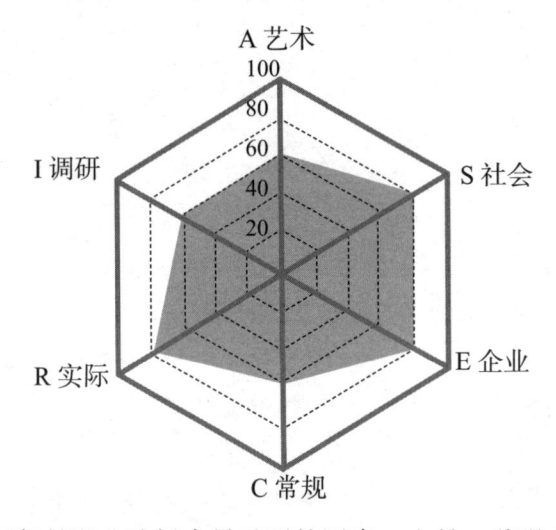

```
                A 艺术
                 100
              80
   I 调研   60           S 社会
              40
              20

   R 实际                 E 企业

                C 常规
```

职业兴趣不仅是职业选择中最重要的因素，也是一种强大的精神力量。职业兴趣测验可以帮助个体明确自己的主观类型，从而得到最适宜的活动情境并投入最大的精力。根据霍兰德的理论，个体的职业兴趣可以影响其对职业的满意程度。当个体所从事的职业和他的职业兴趣类型相匹配时，个体的潜在能力可以得到最彻底的发挥，工作业绩也最显著。在职业兴趣测试的帮助下，个体可以清晰地了解自己的职业兴趣类型和职业倾向，从而在纷繁的职业机会中找寻到最适合自己的职业，避免职业选择中的盲目行为。尤其是大学生和缺乏职业经验的人，霍兰德的职业兴趣理论可以帮助个体做好职业选择和职业设计，进行职业调整，从整体上认识和发展自己的职业能力。总而言之，职业兴趣是职业成功的重要因素。

附录

参考书目：

Evans, C. Studying in the UK: A Guide for International Students, 2 edition, Trotman

Education UK 放飞你的梦想，旅英指南，英国大使馆文化教育处

Education UK 英国教育：放飞你的梦想 – 英国留学简介，英国大使馆文化教育处

Education UK 让未来更精彩：英国留学指南，英国大使馆文化教育处

Fitzhugh, K. Insider's Guide to Applying to University, 2 edition, Trotman

Hyde, M.The International Student's Guide to UK Education: Unlocking University Life and Culture Routledge

John. The Sunday Times: The Good University Guide, Times Books

Lawson,T., Heaton,T., Brown,A., Education&Training Palgrave Macmillan

Leary, J. The Times Good university guide, Times Books

Lucas, R., Noakes, B. The Good Schools Guide, 20th Revised edition, Lucas Publications

Target Jobs(2015), Target Jobs: How to Get Hired, 27th edition

UCAS Progression to Teaching and Education: Right Course? Right Career? For Entry to University and College, 5th Revised edition

参考网站：

Education UK: http://www.educationuk.org/global/

GOV.UK: https://www.gov.uk

HESA: https://www.hesa.ac.uk/

Independent School Council: http://www.isc.co.uk

National Union of Students: http://www.nus.org.uk

Ofqual: http: //register.ofqual.gov.uk/Organisation/Browse

Prepare for Success: http://www.prepareforsuccess.org.uk

The good school guide: http://www.goodschoolsguide.co.uk

UCAS: https://www.ucas.com

UKCISA: http://www.ukcisa.org.uk

参考报告：

《中国"海归"创业发展报告》王辉耀

《中国留学回国就业蓝皮书》教育部留学服务中心

《毕业收入最高的 50 个本科专业》麦可思数据

《就业率最高的 50 个本科专业》麦可思数据

特别鸣谢

首先，感谢我的家人和朋友，能够给予我无限的支持；

感谢大连理工大学出版社多年以来的支持，能让图书再版；

感谢出版社的相关工作人员，精心排版、校对图书并提出指导意见；

感谢胡玉洁，能够接受我的邀请撰写本书博士申请的相关内容；

感谢益签证移民的陈玲玲律师，对本文签证政策部分的指导；

感谢经验分享人，能够把自己在英国的学习和生活经验分享给更多的读者；

感谢我的推荐人，能够支持这本图书并给予积极的评价；

感谢 JoyStudio 提供的图片并拍摄作者照片。